Odile Amblard · Tehem · Dab's

J'ENTRE EN SIXIÈME !

bayard jeunesse

Sommaire

Salut, c'est moi !

Je m'appelle ....

Mes surnoms ....

Je suis né(e) le ....

à ....

J'ai .... ans.

Ce que j'aime le plus dans ma vie ....

....

Ce que j'aime le moins dans ma vie ....

....

J'habite ....

Mon téléphone ....

J'entre au collège ....

Adresse ....

Tél. ....

Les délégué(e)s de ma classe (élu(e)s en octobre) :

.... Tél. ....

.... Tél. ....

mes parents

Ma mère :

Son téléphone au travail ....

Son portable ....

Son e-mail...

....

Mon père :

Son téléphone au travail ....

Son portable ....

Son e-mail...

mes frères et sœurs

.............................âge ....

.............................âge ....

.............................âge ....

.............................âge ....

.............................âge ....

.............................âge ....

Mes **ami(e)s**, mes **potes**, my **friends**, mis **amigos**, meine **Freunde...**

....Tél. ....

Adresse ....

....Tél. ....

Adresse ....

....Tél. ....

Adresse ....

....Tél. ....

Adresse ....

....Tél. ....

Adresse ....

....Tél. ....

Adresse ....

....Tél. ....

Adresse ....

....Tél. ....

Adresse ....

mon portrait chinois

Si j'étais un animal, je serais.......................................

Si j'étais une fleur ou un arbre, je serais ....

Si j'étais une couleur, je serais....................................

Si j'étais un film ou une série, je serais........................

Si j'étais une chanson, je serais...................................

Si j'étais une qualité, je serais....................................

Si j'étais une activité (sport, art...), je serais...............

bon à savoir

Mon groupe sanguin...

Ma taille..

Allergies : non ❑ oui ❑

Allergie à..

Lunettes : non ❑ oui ❑

Lentilles de contact : non ❑ oui ❑

Autres points à connaître :..

....

....

carte D'IDENTITÉ de mon collège

ADRESSE ....
Tél.: ....
E-mail : ....

Le/la principal(e) du collège ....
Le/la principal(e)-adjoint(e)............................
Prof principal(e) ....
Prof de français ....
Prof de maths ....
Prof d'histoire-géographie...............................
Prof d'anglais ou/et d'allemand ....
Prof d'éducation physique et sportive ....
....
Prof de sciences de la vie et de la Terre ....
....
Prof d'éducation musicale ....
Prof d'arts plastiques ....

Le/la professeur(e) documentaliste ....
Horaires du CDI ....
Le/la conseiller(ère) principal(e) d'éducation (CPE) ....

L'infirmier(ère) ....

Tél. ....
....

Il/elle est présent(e) les .... (jours)
de .... à .... (horaires)

L'assistant(e) social(e) ....

Tél. ....
....

Il/elle est présent(e) le ....
de .... à ....

Les surveillants ....
....
....

Le/la psychologue de l'Éducation nationale

Il/elle est présent(e) le ....
de .... à ....

Mes activités (clubs, sports, etc.) au collège

Activité	Jour de la semaine	Horaires	Lieu

Mes activités à l'extérieur du collège

Activité	Jour de la semaine	Horaires	Lieu

mon EMPLOI du temps

Horaires	lundi	mardi	mercredi
..... à			
..... à			
..... à			
..... à			
déjeuner			
..... à			
..... à			
..... à			
..... à			

Retrouve ici les heures de cours que tu auras dans chaque matière, cette année. À côté de cet horaire « obligatoire », à toi de prévoir au minimum une heure de travail personnel chaque jour, et un peu plus le week-end pour t'avancer ou préparer tes évaluations.

À remplir en ajoutant les matières, les heures de cours et les numéros de salle, ainsi que tes moments de temps libre ou d'activités sportives, artistiques, etc.

jeudi	vendredi	samedi	dimanche

Enseignements	Nombre d'heures par semaine
Français	4 h 30
Maths	4 h 30
Anglais	4 heures
Éducation physique et sportive	4 heures
Histoire-géographie-Enseignement moral et civique	3 heures
Sciences de la Vie et de la Terre, Physique	3 heures
Éducation musicale + Arts plastiques	1 heure + 1 heure
Devoirs faits	1 heure
Nombre total	25 h

BIENVENUE AU

COLLÈGE !

UNE ÉQUIPE DE PROS rien que pour toi !

Qui fait quoi dans ton collège ?
Découvre vite l'équipe de pros
qui va t'accompagner cette année !

Le/la professeur(e) PRINCIPAL(E)

SON SLOGAN

« Pour une année sans histoire, il faut venir me voir, sans retard ! »

SES ATOUTS

Il ou elle s'efforce de connaître chacun des élèves de sa classe et se rend disponible pour eux et pour leurs parents, sur rendez-vous.

SA MISSION

Être pour toi et les autres élèves de la classe LE ou LA professeur(e) de référence. Un peu comme l'était ton maître ou ta maîtresse en CM2. Trois contrôles le même jour ? Un copain mis à l'écart ? Un projet de sortie au ciné ou au théâtre ? C'est à lui ou à elle que vous pourrez vous adresser. C'est lui ou elle qui va vous accueillir le jour de la rentrée, c'est lui ou elle aussi qui préparera avec vous les conseils de classe (lire p. 24). Dans de nombreux collèges, du moins au début de l'année, il ou elle dispose d'une heure de « vie de classe » – en plus de ses heures de cours – pour apprendre à mieux vous connaître et faire le point avec vous sur l'organisation de votre travail, sur l'ambiance de la classe et vos problèmes éventuels. Le ou la professeur(e) principal(e) est aussi chargé(e) d'assurer le lien avec tous les autres professeurs de la classe.

À ne pas confondre avec le principal (ou la principale)

C'est le ou la responsable du collège. Dans un établissement privé, on dit plutôt « directeur » ou « directrice ». Certains accueillent les élèves tous les matins à la porte du collège. D'autres sont moins visibles, travaillant plus souvent dans leur bureau à régler mille et un dossiers. En cas de gros souci, de violence ou de maladie par exemple, n'hésite pas à aller le ou la voir.

Le/la conseiller(ère) principal(e) D'ÉDUCATION (ou CPE)

SES ATOUTS

Il ou elle en a de sérieux en poche ! D'abord, le règlement intérieur que tu as lu et que tu dois respecter. Ensuite, une équipe d'assistants d'éducation qui s'activent sous sa responsabilité. Ils contrôlent les entrées et sorties du collège, appellent les parents en cas d'absence d'élève ou leur envoient un SMS.

Enfin, une bonne connaissance des élèves : un jour ou l'autre, chacun entrera dans son bureau pour montrer une autorisation de sortie, un mot de retard, s'inscrire à une activité, ou bien monter un projet avec le conseil des délégués.

SA MISSION

Garantir un climat serein dans le collège pour que tu t'y sentes bien et que tu aies envie d'étudier. Il ou elle organise l'élection des délégués de classe, puis leur formation. Il ou elle anime le Conseil de la vie collégienne (lis p.24), le foyer (quand il y en a un). C'est souvent aussi le ou la CPE qui s'occupe de la « cellule anti-harcèlement ». Son bureau t'est toujours ouvert, n'hésite pas à aller le ou la voir.

SON SLOGAN

« Un collège bien ordonné, c'est un collège vitaminé ! »

Les assistants d'ÉDUCATION

LEUR SLOGAN

« Des petits mots, des petits mots, encore des petits mots, et pas trop de gros bobos ! »

LEUR ATOUT

Leur âge : la plupart sont étudiants. Cela leur permet de tisser des liens privilégiés avec les élèves et d'avoir une oreille attentive en cas de petits soucis.

LEUR MISSION

L'une de leur mission est de vérifier la présence des élèves. En cas d'absence, ils appellent les parents ou leur envoient un SMS. Au retour des élèves, ils leur demandent un mot signé de leurs parents. Ils participent aussi à l'animation et à la sécurité du collège, et peuvent animer ou encadrer des clubs (médias, internet, planète) ou des projets (humanitaires, numériques). Ils peuvent également seconder des professeurs lors de sorties ou de séances de soutien ou pour « devoirs faits ».

Idées de clubs

Théâtre, échecs, climat, club vert, solidarité, musique, web radio... chaque collège propose des activités en dehors des cours, souvent à la pause déjeuner. Rejoins un de ces clubs ! C'est un bon moyen de connaître d'autres élèves, de se sentir mieux dans le collège et de prendre confiance en soi.

Le/la prof DOCUMENTALISTE

SES ATOUTS

Tous les trésors que contient le CDI (centre de documentation et d'information). Tu y trouveras forcément quelque chose à ton goût. Le ou la prof documentaliste anime parfois le journal du collège, club médias ou la semaine de la presse à l'école. Il ou elle invite parfois des écrivains.

SON SLOGAN

« Une année sans CDI, c'est comme une vie sans amour, impossible et trop triste ! »

SES MISSIONS

Stimuler ta curiosité et t'encourager à développer ton esprit critique ! En début d'année, le ou la prof documentaliste t'expliquera le fonctionnement du CDI. Il ou elle te montrera comment faire des recherches sur le web, bien utiliser un ordinateur, et te donnera peut-être accès à des logiciels pour t'entrainer en maths, en français, ou en informatique... Note bien les horaires d'ouverture du CDI, c'est l'endroit idéal pour lire ou travailler au calme.

Lire et écrire

Tu aimes imaginer des histoires ? Ne rate pas le prochain concours d'écriture du magazine *Je Bouquine*. On te proposera d'écrire la suite d'un texte commencé par un écrivain célèbre. Va voir sur le site jebouquine.com. Tu dévores les livres ? Suggère à ton ou ta prof de français d'inscrire ta classe au prix Chronos de littérature. Plus d'infos sur prix-chronos.org.

L'INFIRMIER(ÈRE)

SES ATOUTS

Son sens de l'écoute. Il ou elle soigne les maux de tête ou de ventre, très fréquents chez les collégiens et collégiennes stressés ou inquiets. Il ou elle sait écouter les gros soucis et les petits chagrins. Si tu as besoin de conseils pour toi ou un(e) ami(e) qui ne va pas bien, frappe à sa porte ! Tu peux compter sur sa discrétion. Dommage qu'il ou elle ne soit présent(e) qu'à mi-temps...

SON SLOGAN

« Pour les bleus à l'âme et au corps, rien ne vaut un peu de repos et une écoute de pro ! »

SA MISSION

Vérifier si tu es en bonne santé et t'aider à le rester. Il ou elle veille aussi à ce que les élèves qui ont de l'asthme, des allergies alimentaires, ou une autre situation de santé, puissent prendre leurs médicaments et suivre les prescriptions médicales. Il ou elle est en relation avec le médecin scolaire qui s'occupe de ton collège et fait passer à tous les élèves de 6e un bilan de santé : contrôle des vaccins, de la vue, de l'audition, de l'état des dents...

L'assistant(e) SOCIAL(E)

SON SLOGAN

« Qui ne demande pas d'aide est sûr de ne pas en obtenir ! »

SES ATOUTS

Ton collège dispose de sommes distribuées par l'État, appelées « fonds social collégien » et « fonds cantine », pour participer aux dépenses de restauration et de fournitures scolaires des collégiens qui en ont besoin.

SA MISSION

T'aider à résoudre tes problèmes. Note bien son nom, son numéro de téléphone et ses heures de présence. Va le ou la voir si tu te trouves face à des problèmes de violence (physique ou verbale), de vol ou de racket, mais aussi face à des soucis familiaux, de santé ou financiers qui te perturbent.

Le/la PSYCHOLOGUE (de l'Éducation nationale)

SON SLOGAN

« Aujourd'hui est déjà demain. »

SES ATOUTS

Il ou elle connaît bien le système scolaire et les formations existant dans ta ville et ton département.

SA MISSION

T'aider à mûrir un projet personnel pour ton avenir. Si tu as des questions sur la suite de tes études, dis à tes parents de prendre rendez-vous.
Tu peux le ou la rencontrer au collège ou au CIO (Centre d'information et d'orientation) de ton département. Le secrétariat du collège te donnera son numéro de téléphone.

Ton DICO COLLÈGE

Deviens le maître ou la maîtresse des lieux (enfin, presque !) et fais connaissance avec le petit dictionnaire du collégien ou de la collégienne.

A

AGENDA
pour être super organisé(e)

C'est à l'aide de ce gros carnet et de ton emploi du temps que tu vas vérifier si tu as bien fait tous tes devoirs. À la fin de chaque cours, n'oublie pas d'y noter les devoirs donnés par le ou la professeur(e). Pour t'aider à y voir plus clair, tu peux choisir une couleur différente par matière. Pense aussi à utiliser des abréviations : « ex » pour exercice, « app » pour apprendre, « M » pour maths, « H » pour histoire... triangle pour « contrôle ». Tu n'as pas tout noté ou tu veux vérifier ? Consulte ton ENT (voir p.27) !

AGENTS D'ENTRETIEN
et le collège tourne bien !

Un collège c'est une petite ville ! Pour que tout fonctionne bien, il faut du personnel qualifié dans différents domaines. En plus des professeurs, du CPE et des assistant(e)s d'éducation, du principal(e) et de son adjoint(e), tu croiseras chaque jour l'agent(e) d'accueil, à l'entrée de l'établissement, et les agents d'entretien. Grâce à eux, le collège est propre, les robinets et les éclairages fonctionnent, le self est prêt quand tu meurs de faim.

ASSOCIATION SPORTIVE
pour se bouger

Elle est animée par les profs d'EPS du collège. S'il y en a une dans le tien, tu pourras peut-être faire du badminton, de la natation, du foot, de l'athlétisme, après les cours ou le mercredi après-midi.

B

BULLETIN
pour se repérer

Le bulletin de notes en papier a tendance à disparaître, car tes parents le trouveront à chaque fin de trimestre dans l'Espace numérique de travail (ENT, lis p.27). Toutefois, nombre d'établissements invitent les parents à venir au collège pour « la remise du bulletin ». Lors de cette réunion, ils rencontrent ton ou ta professeur(e) principal(e) (au minimum) qui fait le point avec eux.

BUREAU DE LA VIE SCOLAIRE
où l'on passe et repasse

L'un des points stratégiques du collège ! Billets de retard, mots d'absence, autorisations de sortie exceptionnelle, préparation de la réunion des délégués… tu auras 1 001 bonnes raisons d'aller à « la Vie scolaire ». C'est aussi là que tu peux retrouver les assistants d'éducation.

BUREAU DE L'ADJOINT(E) GESTIONNAIRE
où le compte est bon

Il ou elle gère le budget du collège, passe les commandes de fournitures et de mobilier, envoie aux familles les factures de la cantine. Les agents d'entretien travaillent sous sa responsabilité.

BUREAU DU OU DE LA PRINCIPAL(E)
où l'autorité travaille

Tous les chefs d'établissement (principal(e) dans le public, directeur(trice) dans le privé) ont un grand bureau et un secrétariat, où parents et élèves peuvent être reçus. N'hésite jamais à demander à voir le (la) principal(e) ou le (la) directeur(trice) si tu as quelque chose d'important à lui dire. Rencontrer les élèves, pour les aider, les récompenser ou les punir, fait aussi partie de son rôle.

« La cantine, ça dure pas longtemps, il faut manger vite, au bout de dix minutes, on nous dit : il y en a d'autres qui attendent ! »
Lou-Anne

C

CANTINE
où l'on prend des forces

Self-service ou cantine traditionnelle ? Cela dépend des collèges ! Souvent tu as un petit choix d'entrées, de plats et de desserts. Quand le nombre d'élèves demi-pensionnaires est élevé, deux ou trois services sont organisés. Conséquence : il faut manger vite pour laisser la place aux élèves du 2e ou 3e service !
Si tu fais trop souvent « beurk beurk » à la cantine, demande au CPE ou au Conseil de la vie collégienne de monter un « club menus » !

« Les parents et les profs nous demandent d'être plus sérieux, il faut toujours avoir notre carnet de correspondance sur nous, partout avec nous, il ne faut rien oublier ! Si on n'a pas notre carnet, il faut aller chercher un papier à la Vie scolaire. »
Angèle

CARNET DE CORRESPONDANCE
toujours avec toi

Ce carnet fait le lien entre le collège, tes parents et toi. Tu y signeras, avec tes parents, le règlement intérieur (lis p.31), c'est le rappel de toutes les règles de vie et de travail au collège. Tu dois généralement montrer ce carnet pour entrer et sortir du collège. Premier objectif : ne pas le perdre. Deuxième objectif : ne pas l'oublier à la maison. Troisième objectif : le faire signer par tes parents quand tu y as écrit des informations importantes de la part de tes profs, du ou de la CPE, du ou de la principal(e).

« Au CDI, on peut emprunter des livres, aller sur un ordinateur pour faire un travail. On peut y aller à la récré de 10 heures, à celle de midi et à celle de 15 h 15. »
Maxime

CDI où l'horizon s'élargit

En primaire, tu allais peut-être lire à la BCD (bibliothèque centre documentaire). Au collège, tu disposes d'un CDI : le centre de documentation et d'information. Là, tu apprendras à faire des recherches dans différentes sortes de livres : dictionnaires, encyclopédies, usuels, magazines... ou sur le web avec un ordinateur.

CHATGPT Une aide pour apprendre

Tu as entendu parler de ce super outil d'intelligence artificielle capable de répondre à plein de questions sur tous les sujets. Il fonctionne grâce à un programme informatique très sophistiqué qui a engrangé plusieurs milliards de documents et de mots afin de pouvoir imiter la manière dont s'expriment les humains. Grâce à cela, il peut expliquer une notion compliquée ou un théorème mathématique, ou poser des questions pour vérifier qu'une leçon est bien apprise... Il est capable de s'améliorer mais il fait aussi des erreurs. Peut-être, en cours, tu apprendras à écrire les « prompts » (consignes qu'on lui donne) et comment vérifier ses réponses. OpenAi, l'entreprise qui a créé ChatGPT, déconseille son utilisation avant 13 ans. Sauf si elle est accompagnée par un adulte.

CONSEILS DE CLASSE
pour faire le point

Tous les trois mois a lieu le conseil de classe. Il réunit le ou la principal(e) ou son adjoint(e), le ou la CPE, ton ou ta professeur(e) principal(e) et tes autres professeurs, deux représentants des parents d'élèves et les deux délégués de ta classe. Il a pour but de faire le bilan de ton trimestre. Sur un bulletin (accessible dans l'ENT), les professeurs indiquent ton niveau de maîtrise des notions que tu as étudiées. Ils te donnent aussi des conseils pour progresser. Certains collèges attribuent des mentions félicitations, encouragements... et des avertissements, en cas de manque de travail ou de comportement incorrect. Ensuite, souvent, le ou la prof principal(e) organise une rencontre avec les parents pour commenter le bulletin de leur enfant.

CONSEIL DE LA VIE COLLÉGIENNE (OU CVC)
pour améliorer la vie au collège

Le CVC réunit des élèves volontaires de la 6è à la 3è (élus ou pas) et des adultes du collège, dont au moins un(e) enseignant(e). Souvent animé par le ou la CPE, il a pour but d'améliorer le climat au collège en montant des projets variés : création d'une salle « zen » ou d'un jardin potager, organisation d'une collecte pour les Restaurants du cœur, peinture d'une fresque dans la cour, fête de la musique... Participer au CVC permet de rencontrer d'autres élèves, d'exprimer ses idées et d'écouter celles des autres, d'apprendre à argumenter, puis à réaliser un projet étape par étape. Une super façon de vivre la citoyenneté et la démocratie.

COUR
le lieu où tout peut arriver

La cour du collège est un lieu rarement calme, toujours riche en rencontres, batailles, confidences, devoirs recopiés à la hâte... Sous l'œil des surveillants, c'est là que se disputent et se réconcilient les amis, se nouent et se dénouent les histoires amoureuses, et se défoulent des collégiens épuisés par deux heures de cours ! Un haut lieu stratégique pour prendre le pouls du collège et garder le contact entre copains.

D

« Dans la cour, les grands ne nous parlent pas, mais on se sent petits quand même. »
Raphaella

CYBERHARCÈLEMENT comment se défendre

Le cyberharcèlement, ce sont des images ou des paroles violentes qui circulent sur internet et sur les réseaux sociaux pour faire du mal à quelqu'un. Chaque année, des collégiens en sont victimes. Face au cyberharcèlement, une seule solution : en parler tout de suite à un adulte de confiance, et appeler le **3018**. C'est un numéro gratuit pour trouver de l'aide.

DEVOIRS À LA MAISON pour progresser

Tu disposes de deux outils pour ne pas oublier de faire tes devoirs chaque soir !
1) Ton agenda où tu notes chaque jour ce que le ou la professeur(e) te demande de préparer pour le cours suivant.
2) L'ENT où le ou la prof indique les devoirs et met aussi parfois des exercices en ligne pour s'entraîner.
Si tu as une leçon à apprendre et des exercices à faire dans la même matière : apprends d'abord la leçon. Ainsi tu auras tout en tête pour réussir les exercices. Si tu as une leçon longue à réviser pour un contrôle : découpe ce travail en trois ou quatre parties ! Tu en apprendras une chaque soir, cela sera moins pénible, et tu la retiendras mieux.
Va vite p.84 faire le test « Es-tu le roi (la reine) des devoirs ? » !

« Pour apprendre mes leçons, je les lis plusieurs fois et ensuite je cache et je répète. La plupart du temps, j'ai une bonne mémoire. Quand je n'en ai pas, c'est que je ne suis pas concentrée. Parfois, on n'est pas concentré parce qu'on pense à ce qu'on aimerait faire si on ne travaillait pas... »
Raphaella

DEVOIRS FAITS
pour apprendre à étudier

A partir de la 6è, tu vas petit à petit devenir un collégien AUTONOME ! Ça veut dire quoi ? Tu vas apprendre à travailler tout(e) seul(e), sans que les profs vérifient toujours que tu as bien compris et bien appris. Pour cela, une heure par semaine en moyenne, tu iras en « devoirs faits », une séance où des professeurs ou un(e) assistant(e) d'éducation te donneront des méthodes pour retenir une leçon, vérifier que tu la sais, mieux lire les consignes des problèmes de maths ou de physique, etc. Durant « devoirs faits » (comme en classe) n'hésite jamais à dire si tu n'as pas compris quelque chose !

DYS
et troubles de l'apprentissage

Toi-même ou l'un(e) de tes ami(e)s a peut-être un trouble de l'apprentissage qui ralentit et complique les apprentissages fondamentaux : lecture (dyslexie), calcul (dyscalculie), écriture (dyspraxie), du langage oral (dysphasie) ou de l'attention... Le plus souvent cela est repéré durant l'école primaire ce qui permet la mise en place d'un accompagnement particulier, selon l'avis du médecin scolaire. Ce plan d'accompagnement personnalisé (PAP) peut aussi commencer au collège. Il peut permettre d'avoir plus de temps pour les devoirs en classe, ou d'obtenir la présence d'un adulte accompagnant...

E

ECO DÉLÉGUÉS
agir pour la planète !

Chez toi avec tes parents, tu fais attention à ne pas gaspiller l'électricité, trier les déchets, utiliser des matériaux recyclés ou acheter des objets d'occasion quand c'est possible ? Bravo ! Si tu as envies de passer à une action de plus grande dimension, tu peux devenir éco-délégué(e). Parles-en à ton ou ta prof de SVT ou ton ou ta CPE. Lis aussi p.48.

EMPLOI DU TEMPS
pour ne pas en perdre (de temps !)

En as-tu punaisé un au mur de ta chambre ? Comme ça chaque soir, quand tu fais tes devoirs ou quand tu prépares ton sac, tu regardes ta journée du lendemain et tu vérifies que tu n'as pas oublié une matière. Si tu as « devoirs faits » il faut anticiper. Par exemple, le lundi soir tu prépares ton sac avec tes affaires du mardi. Mais le mardi à 16h tu as aussi devoirs faits (où tu vas faire des devoirs pour le mercredi). Il faut donc que tu prévois aussi quelques affaires « du mercredi » pour pouvoir travailler durant « devoirs faits ».

« Au début, ce qui est bizarre, c'est l'emploi du temps. C'est un peu fatigant de ne pas avoir de pause le mercredi, mais je m'y suis vite habituée. J'aime bien aussi que nos journées soient moins longues. »
Juliette

ESPACE NUMÉRIQUE DE TRAVAIL (ENT) pour ne rater aucune info

Tous les collèges disposent d'un ENT : espace numérique de travail, un site spécialement fait pour les élèves, les professeurs et les parents de l'établissement. À la rentrée, tu vas recevoir ton identifiant et un code d'accès. Tes parents auront aussi leur identifiant (différent du tien). Tu y trouveras les devoirs à faire, ton emploi du temps (certaines semaines il y a des changements), tes notes et d'autres infos utiles. Si tu es malade, tu peux prévenir tes profs pour avoir les cours que tu as ratés. Connecte-toi tous les soirs au moment des devoirs.

ÉVALUATIONS
pour savoir où tu en es

Les « éval » ne sont pas faites pour te faire stresser, mais pour vérifier que tu as bien acquis les nouvelles notions enseignées par tes profs. Les « éval » peuvent être organisées de différentes façons : devoir sur table tous les 15 jours, contrôle écrit en classe à la fin du chapitre, interrogation orale en classe, etc. En 6è, de nombreux collèges ne mettent pas de note mais des points verts, orange, rouges, pour indiquer si la notion est bien maitrisée, en cours de maitrise, ou insuffisamment maitrisée. N'hésite jamais à aller voir un(e) professeur(e) pour demander de nouvelles explications.

ÉVALUATIONS NATIONALES
pour mieux te connaître

En septembre, tous les élèves de 6è passent la même évaluation en français et en maths. Celle-ci se déroule sur ordinateur. Lors d'un cours, tu te connecteras sur la plateforme d'évaluation via un ordinateur.
En Français, ta compréhension de l'écrit et du fonctionnement de la langue (orthographe, grammaire, lexique) sont évalués. Tu passeras aussi un test de fluence : lecture d'un texte à voix haute durant une minute.
En maths, ce sont tes connaissances des nombres, tes capacités de calcul et de résolution de problèmes, tes connaissances en géométrie, qui seront mesurées. Ainsi tes profs auront une idée plus précise de tes acquis (et de tes lacunes). Ils communiqueront les résultats de l'évaluation à tes parents.
Pas de stress : ces évaluations ne comptent pas dans la moyenne !

G

GROUPE DE BESOIN
pour mieux apprendre

En maths et en français, les cours pourront être donnés en plus petits groupes pour te permettre de mieux travailler certaines compétences.
Les collèges organisent ces « groupes de besoin » et leur durée en fonction de leurs élèves.

H

HARCÈLEMENT
comment réagir ?

Il arrive que des élèves souffrent à cause d'autres qui les insultent, les bousculent ou les frappent, les intimident de façon répétée. Cela peut-être par des paroles, des gestes, ou des messages, des photos, des vidéos sur leur portable. C'est ce qu'on appelle le harcèlement ou le cyberharcèlement. Face à une telle situation, une seule solution : parler, demander de l'aide ! À tes parents, à un adulte de ton choix dans ton collège, celui ou celle en qui tu as confiance. Tu peux aussi appeler le **3018.** C'est un numéro gratuit, accessible 7j/7 de 9h à 24h.

HEURES DE VIE DE CLASSE pour une classe plus sympa !

Ce sont des heures prévues avec ton ou ta professeur(e) principal(e) pour discuter, débattre, améliorer le fonctionnement de la classe et les relations avec les professeurs du collège. C'est souvent durant les heures de vie de classe qu'ont lieu les élections de délégués. Si tu souhaites qu'un sujet soit discuté, tu peux en parler directement à ton ou ta prof principal(e) ou bien à ton ou ta délégué(e).

M

MÉDIATEUR(TRICE) pour résoudre les conflits

Dans certains collèges, des élèves suivent une formation avec le ou la CPE pour devenir « médiateur(trice) ». C'est une personne qui a envie de résoudre les conflits entre les élèves. Pour cela, elle apprend à bien écouter les autres et les aide à trouver comment se respecter et s'entendre. Ainsi, il y a moins de violence au collège !

P

PAI, PAP, AESH Pour décoder les sigles

Pour rendre possible l'accueil et les études de tous (ou presque) quels que soient leur situation de santé, de troubles ou de handicaps, il existe différents dispositifs, tels le PAI (projet d'accueil individualisé) ou le PAP (projet d'accompagnement personnalisé). Ils sont mis en place après avis du médecin scolaire, par les chefs d'établissement, l'infirmière scolaire, et l'équipe enseignante. Cela permet, selon les cas, à des collégiens de bénéficier de l'aide d'un adulte (l'AESH, accompagnant d'élève en situation de handicap), de plus de temps pour les contrôles ou d'un emploi du temps allégé.
Pour en savoir plus, va voir ton infirmier(ère) scolaire.

PERMANENCE
où le calme règne

Un(e) professeur(e) manquant ? Un devoir sur table ? Un exposé de groupe à finir ? Tu découvriras vite la salle de permanence, où chacun doit travailler en silence sous l'œil attentif d'un(e) assistant(e) d'éducation.

PIX
Au clair avec le numérique

Es-tu à l'aise pour faire des recherches sur le web ? As-tu une identité numérique ? Sais-tu la protéger ? Cette année, tu vas développer tes connaissances et tes compétences numériques, notamment en allant sur la plateforme PIX. Grâce aux exercices que tu y feras, tu pourras d'ici la fin de l'année obtenir une attestation de sensibilisation PIX. C'est souvent le ou la prof-documentaliste qui accompagne les élèves sur PIX, mais ça peut être aussi le ou la prof de SVT, ou d'histoire-géo. Ou un autre. Toutes les matières sont concernées par le numérique.

« On a beaucoup de profs, il faut changer tout le temps de salle, et parfois on arrive en retard, car c'est un grand collège avec un sens pour circuler, et on n'a que cinq minutes entre les cours. Quand on arrive en retard, on a une punition ! »

Julie

PORTABLE

Tu vas recevoir un portable pour ton entrée en 6è ? Alors tu sais aussi qu'il devra « dormir » éteint et bien rangé au fond de ton sac quand tu seras au collège ! Son utilisation y est interdite, sauf dans le cadre d'une activité pédagogique prévue par un(e) professeur(e). Attention, si l'on te surprend à regarder une vidéo sur ton portable... tu seras puni(e). Devoir supplémentaire, heure de retenue, confiscation, la punition prévue est indiquée dans ton règlement intérieur (lis p.31).

PUNITION
le rappel à l'ordre !

Carnet de correspondance oublié ? Gros retard ? Bousculade dans la cour ? Insolence en classe ? Résultat : des exercices supplémentaires à faire ou une heure de retenue, et un mot à faire signer par les parents dans le carnet et sur l'ENT... Les punitions tombent vite parfois !

PROJETS
pour apprendre autrement

Parfois ou souvent (selon les collèges), les professeurs de plusieurs matières travaillent ensemble pour te permettre de découvrir un sujet sous plusieurs angles, par exemple : le thème la ville du futur peut être étudié en géographie, en français, en EMC (la citoyenneté), en arts plastiques (réalisation d'une maquette). Ces « projets » permettent de voir que les matières s'entrecroisent, qu'elles sont utiles les unes par rapport aux autres, et aussi de travailler de manière plus concrète et collective. Vive les projets !

R

REDOUBLEMENT

Au collège les redoublements sont assez rares. Mais les professeurs peuvent demander qu'un élève redouble s'il a été malade et a manqué une grande partie de l'année, ou s'il a trop de lacunes importantes. Cela peut se révéler utile et permettre de reconstruire des bases de connaissances solides et de reprendre confiance. Mais ce qui n'est jamais utile, c'est de se moquer d'un redoublant !

RÈGLEMENT INTÉRIEUR
pour connaître les règles

Il figure dans ton carnet de correspondance. Après la rentrée, tu le signeras, tes parents aussi. C'est un peu le code de la route au collège. Il rappelle les conditions nécessaires pour que chaque élève puisse étudier dans un climat serein. Il rappelle ce qui est interdit et annonce l'échelle des punitions et des sanctions. Attention, une sanction (plus grave qu'une punition) figure dans le dossier scolaire pendant un an.

RENCONTRES PARENTS-PROFS
pour une bonne année

Selon les collèges, il y en a une seule en début d'année, une par trimestre, ou plus. Souvent, à la fin du 1er trimestre, le ou la prof principal(e) remet ton bulletin à tes parents. Si tu as des difficultés dans une matière, ou si tes parents souhaitent rencontrer des professeurs, il ne faut surtout pas hésiter à leur envoyer un message dans l'ENT.

« Maintenant, je pense que je peux me débrouiller toute seule, que je peux prendre mes responsabilités, mais c'est bien quand même que ma mère me rappelle parfois mes devoirs, car je peux en oublier ! »
Juliette

S

SAC À DOS
pour ne rien oublier

Tu es libre de choisir ton sac, ton sac à dos, ton cartable, pour aller au collège. Seul impératif : le prendre solide ! Même s'il y a des casiers dans la plupart des collèges, il faut qu'il résiste au poids de tes livres, classeurs, cahiers et trousse bien garnie !

« La plupart des élèves ont un sac à dos Eastpak, et certaines ont des sacs à main. À l'heure du déjeuner, on ne laisse pas nos sacs dans la classe, mais on doit les mettre dans une salle fermée à clé pendant l'heure du repas, pour éviter les vols. »
Julie

SALLE DES PROFS
où l'on frappe avant d'entrer

Attention ! Espace réservé... aux enseignants. C'est là qu'ils « respirent » entre deux cours, boivent un café, discutent d'un élève, organisent une prochaine sortie ou corrigent leurs copies lors d'une pause entre deux cours. Chaque enseignant(e) dispose d'un casier, où tu seras peut-être amené(e) à déposer un contrôle oublié, une autorisation de sortie ou un livre prêté. Bien sûr, il faut frapper avant d'entrer !

T

TUTORAT
pour être solidaires

Certains collèges mettent en place un tutorat entre « grands de 3e » et « petits de 6e » ou avec des lycéens ou des étudiants. Les tuteurs(trices) sont des « plus grands » qui peuvent aider les élèves à s'organiser, à mieux travailler. Ils sont souvent plus compréhensifs, moins intimidants que des adultes. Renseigne-toi !

« Je n'ai pas l'impression qu'il y a des modes au collège, pas plus qu'en primaire. Mais c'est vrai que tout le monde ou presque a un sac Eastpak ! Le mien est violet, j'ai choisi cette couleur car il n'y en a pas beaucoup. »
Angèle

V

VÊTEMENTS
en mode tranquille

La plupart des collèges laissent les élèves s'habiller comme ils le souhaitent... tant qu'ils n'arrivent pas en cours avec une tenue de plage ou de fête ! Inutile aussi de faire naître des idées de vol ou de racket... Dans certains établissements, une tenue spéciale ou uniforme est exigée. Dans ce cas, son coût est pris en charge par le département.

LA 6e vue par Maxime et Juliette

L'an passé, Maxime et Juliette sont entrés au collège. Voici leur opinion et leurs conseils sur la 6e. Comme le dit Juliette, tu verras, « la 6e ça change, mais c'est pas la mort » !

Le truc bien

Juliette : « J'avais option théâtre. On a travaillé avec des professionnels pendant la première partie de l'année et on a fait un spectacle. L'autre moitié de l'année, on a travaillé avec la prof principale et on a joué une pièce devant la classe. J'ai l'impression que ça m'a rendue moins timide, ou alors peut-être est-ce parce que je grandis ? »

Maxime : « Dans mon collège, ce ne sont pas les élèves qui changent de classe, mais les professeurs. »

Les cours

Juliette : « Ça change par rapport au primaire car dans mon collège les cours se font avec un vidéoprojecteur : c'est bien ! »

Maxime : « Ce n'est pas si dur que ça, c'est beaucoup de révisions de CM2, on approfondit... On apprend aussi de nouvelles choses, car on a de nouvelles matières. »

Mon conseil

Maxime : « Faire attention à ne pas trop bavarder : gare aux heures de colle, ou aux croix de bavardage ! »

Juliette : « Il faut s'investir, ne pas traîner tous les week-ends. Un peu d'organisation et c'est dans la poche ! »

Les devoirs

Juliette : « Il y a des profs qui ne donnent aucun devoir et d'autres qui en donnent beaucoup. En français, ma prof en donne énormément, soit des rédactions, soit des exercices de grammaire, soit des leçons à apprendre. On a aussi pas mal de livres à lire, avec des résumés à faire… »

Maxime : « Les professeurs donnent souvent les devoirs en avance. Je fais en sorte que ça ne prenne pas plus de deux heures le samedi et deux heures le dimanche. Le dimanche, c'étaient des révisions pour les contrôles, le samedi, c'étaient les exercices. Faut pas faire tout d'un coup, sinon on s'épuise ! »

L'organisation

Juliette : « L'agenda, c'est simple à utiliser, mais les professeurs donnent souvent les devoirs après la sonnerie du cours, quand tout le monde est en train de s'en aller, donc parfois il m'est arrivé de ne pas les noter. Ce serait bien qu'ils les donnent avant la sonnerie ! On peut retrouver les devoirs sur l'espace internet, mais tous les profs ne les mettent pas. »

Maxime : « On avait l'étude encadrée pour mieux travailler le soir à la maison. Le professeur nous a expliqué comment nous organiser, pour pouvoir travailler plus vite et avoir plus de temps pour jouer. »

Les profs

Maxime : « Au primaire, je trouvais que c'était mieux d'en avoir un seul, mais l'avantage au collège, c'est que, s'il y a un prof que tu n'aimes pas, tu ne l'as pas tout le temps ! »

Juliette : « À l'école primaire, j'ai eu des maîtres et maîtresses que j'aimais beaucoup, donc là ça fait bizarre, parce qu'on a beaucoup de profs, et ils ne sont pas tous gentils. Mais on se rattrape avec ceux qui sont les plus sympas ! »

À ton programme !

FRANÇAIS

Objectif

T'amener à mieux maîtriser toutes les possibilités qu'offre la langue française quand on parle ou qu'on écrit. Lire vite et bien est une compétence essentielle, qui s'exerce dans des textes les plus divers (récits, scènes de théâtre, textes documentaires...). Tu apprendras aussi à t'exprimer avec aisance à l'oral, par exemple dans des exposés.

Tes atouts

La 6e est la suite du CM1 et du CM2, tu continueras donc à apprendre l'orthographe, la grammaire, la conjugaison. En grammaire, ce qui compte, ce n'est pas tant de mettre des étiquettes sur les mots que de comprendre comment fonctionne la langue française et comment on peut s'en servir pour mieux exprimer ce qu'on a à dire.

Tes outils

Plus on lit et plus on écrit, plus le français devient intéressant ! C'est pourquoi les professeurs font écrire des poèmes, des contes, des petits récits. Pour les réussir, tu apprendras à utiliser des livres-outils qui t'aideront à écrire plus juste : trouver le bon mot, la bonne orthographe, le bon accord.
Par exemple : *Le dictionnaire des combinaisons de mots* (Le Robert) ou *Apprendre l'orthographe 6e/5e* (Hatier).
Tu apprendras aussi à te servir d'un correcteur orthographique numérique.

Apprenti chercheur

Avec ton ou ta professeur(e) de français ou au CDI, tu apprendras à chercher des informations dans différentes sortes de livres (documentaires, encyclopédies, dictionnaires), dans des magazines et sur internet.

Ton bonus

Le programme de 6ᵉ est passionnant ! Tu étudieras des textes fondateurs qui ont une grande importance dans l'histoire de l'humanité et que tout le monde doit connaître, qu'on soit de telle ou telle religion ou d'aucune. Tu apprendras comment créer un conte, inventer des péripéties en faisant des allers-retours entre les contes lus en classe et ceux que tu écriras. Le ou la professeur(e) t'encouragera à lire une grande variété de livres pour la jeunesse sur des thèmes très variés : l'amitié, les situations difficiles dans l'histoire, la connaissance d'autres cultures, la famille, l'environnement... (Voir notre sélection pages 64 à 67.)

À la fin de la 6ᵉ

Tu sauras rédiger un récit logique en respectant les consignes initiales, les personnages, les temps du récit, la situation de départ, etc., et en pensant à ton lecteur.
Tu auras élargi ton répertoire de mots (ton vocabulaire) et sauras utiliser le temps des verbes à l'indicatif pour mieux exprimer ta pensée. Tu sauras mieux prendre la parole en classe.
Tu réussiras mieux à exprimer tes sentiments ou ton opinion, lors d'un exposé ou d'un débat.

Le français utile pour tout !

En français, ce que tu fais ne sert pas qu'au cours de français.
Tu apprends aussi à mieux lire les consignes, à mieux comprendre les textes des autres disciplines, à manier un vocabulaire qui sert également en sciences ou en histoire. Le français est un outil commun à toutes les matières.

MATHÉMATIQUES

Objectif

Consolider, approfondir et développer tes connaissances sur les nombres et tes capacités de raisonnement.

Tes atouts

L'attention et la participation en classe : bien écouter et réfléchir, c'est le plus important. Si tu es actif(ve) durant chaque cours, tu en sortiras en sachant presque tout ce qu'il faut savoir.

La régularité : un quart d'heure de travail chaque jour, c'est en moyenne ce qui est nécessaire pour apprendre l'élément nouveau contenu dans ton cours et faire un exercice d'application pour contrôler que tu as bien compris.

Tes outils

La règle et l'équerre, mais aussi le compas pour reporter des longueurs et le rapporteur, que tu découvriras. Même si tu sais te servir de ta calculatrice, tu n'as pas fini de réviser tes tables de multiplication !

Et de t'exercer au calcul mental, avec des nombres de plus en plus compliqués. Rappelle-toi que tu auras besoin de ces connaissances-là toute ta vie.

L'originalité

Tu auras des devoirs en classe pour vérifier à la fois ton raisonnement et tes connaissances. Ils seront parfois communs à toutes les classes de 6e de ton collège. Tu auras aussi en moyenne deux grands devoirs à faire à la maison par mois.

À la fin de la 6e

En calcul

Tu sauras mieux comment et pourquoi utiliser l'addition, la soustraction, la multiplication et la division.

Tu continueras à apprivoiser les nombres décimaux et les nombres fractionnaires.

Tu retrouveras les pourcentages et la proportionnalité.

Tu sauras classer par ordre de grandeur une suite de nombres (exemple : 0,1 – 1/3 – 0,5 – 5/7 – 2...).

Tu sauras diviser des nombres avec une virgule.

En géométrie

Tu passeras de la reconnaissance visuelle des figures géométriques (carrés, cercles, losanges...) à leur reconnaissance par leurs propriétés (exemple : je suis un quadrilatère, j'ai des côtés de même longueur, parallèles par paire, je possède un angle droit, qui suis-je ?). Tu apprendras aussi à classer leurs propriétés.

Tu continueras de les construire avec la règle, le compas, l'équerre, et désormais le rapporteur. Tu utiliseras de plus en plus de symboles : celui de l'angle droit, de l'égalité de deux côtés. Tu deviendras expert en unités de mesure : $1\ m^2 = 100\ dm^2 = 10\ 000\ cm^2$ pour les aires, ou surfaces ; $1\ 000\ 000\ cm^3 = 1\ 000\ dm^3 = 1\ m^3$ pour les volumes.

Paroles de collégiens

On a parfois de grands devoirs à la maison

« Moi, j'aime bien les maths ! Chaque jour, on a un ou deux exercices à faire le soir à la maison, ça me prend cinq minutes à peu près. Durant le trimestre, on a aussi plusieurs grands devoirs-maison à rendre au professeur. »
Cécile

HISTOIRE, GÉOGRAPHIE, ENSEIGNEMENT MORAL ET CIVIQUE

Objectif

Te donner des outils et des connaissances pour que tu comprennes le monde dans lequel tu vis. Concrètement, tu apprendras à te repérer dans le temps (histoire) et dans l'espace (géographie), à comprendre un document, à construire un raisonnement et à chercher des informations sur internet. Le cours d'enseignement moral et civique t'entraînera à penser par toi-même, à débattre (en écoutant et en argumentant), à exprimer tes sentiments. Tu apprendras aussi à travailler en groupe et à coopérer avec tes camarades.

L'originalité

Trois matières avec un(e) seul(e) prof ! C'est intéressant pour comprendre que l'histoire et la géographie sont liées : la vie des peuples et des pays est façonnée par la géographie (la présence de la mer, le relief, le climat, mais aussi les voies de communication), et par leur organisation politique (démocratie ou pas).

En histoire

Bienvenue dans la machine à remonter le temps ! Elle t'emmènera jusqu'à l'ère du néolithique (9 000 av. J. C. environ). Tu voyageras ensuite en Grèce antique, pour la naissance de la première démocratie à Athènes, avant de visiter les Romains, de la fondation de Rome jusqu'à la chute de l'Empire romain (476 ap. J. C.). Ces voyages dans des civilisations anciennes t'amèneront à répondre à la question : qu'est-ce qu'une civilisation ? Avec ton ou ta professeur(e), tu réfléchiras aussi aux différentes formes du pouvoir politique et à la place des croyances ou de la religion dans la vie des hommes.

Tes outils

Des documents, des photos d'objets anciens, des peintures et des mosaïques, des cartes... et un vocabulaire précis.

En géographie

Tu découvriras comment l'homme habite la planète Terre selon le territoire où il vit. Grandes villes du Nord ou du Sud, bords de mer, zones très faiblement peuplées... tu étudieras différentes sortes de territoires. Cela te permettra de comprendre les relations existant entre l'habitat et les activités humaines qui s'y développent (présence ou absence d'industrie, d'agriculture, de tourisme...). En apprenant à expliquer la présence ou l'absence des hommes sur différentes parties de la Terre, tu réfléchiras à la façon dont ils s'adaptent.

Tes outils

Des croquis, des cartes avec leurs légendes, des photos de paysages, des documents à comparer et les SIG (systèmes d'information géographique) comme Google Earth.

Enseignement moral et civique

Cet enseignement te donnera l'occasion de t'interroger sur le sens de l'école : au collège tu n'apprends pas seulement des « matières ». Tu apprends beaucoup plus : à respecter des règles et à comprendre pourquoi, à voter pour des représentants (les délégués, les éco-délégués), à t'engager dans des projets solidaires et pour la planète, à débattre. C'est passionnant de comprendre qu'au collège comme dans le monde, pour que ça fonctionne, chacun a des droits et des devoirs !

Tes outils

Un extrait de roman, une publicité, un article de journal (sur le net ou « en papier »), la Convention internationale des droits de l'enfant : tu pourras étudier toutes sortes de documents et de publications. Et apprendre à te poser des questions : qui en est l'auteur ? Quand a-t-il été créé ? Quel est son message ? Quel est le but du message : me distraire ? m'émouvoir ? ou m'informer ? Et est-ce que je peux vérifier le contenu du message auprès d'une autre source ?

Histoire des arts

Ton ou ta professeur(e) travaillera peut-être avec celui ou celle d'arts plastiques, de français ou de musique, pour te faire découvrir l'histoire d'une œuvre ou d'une époque artistique. Par exemple si tu étudies *Le médecin volant* de Molière en français, tu iras peut-être voir la pièce au théâtre ou découvrir au musée des tableaux représentant la médecine au XVIIe siècle. Ce genre de projet fait partie de ton « parcours d'éducation artistique et culturelle ».

ANGLAIS

Objectif

Être capable de communiquer et d'agir ! Et être curieux du monde anglophone. En fin de 6e, tu sauras te présenter, parler de toi, de ta famille, de ce que tu aimes, décrire la rue où tu habites… Tu sauras aussi dire quels sont tes loisirs, tes talents, ce que tu sais faire ou pas. Tu commenceras à pouvoir parler du passé ou du futur. Bref, à l'oral et à l'écrit, tu sauras produire des phrases complètes et correctes ! Et tu auras découvert comment l'on vit dans d'autres endroits du monde où l'on parle anglais. *Isn't it amazing ?*

Ton atout

Pour entraîner ton oreille, tu as l'embarras du choix ! Cours au cinéma voir un film en VO (version originale), écoute des chansons sur Spotify ou Deezer ou YouTube. Passe-toi le CD qui accompagne ton livre de classe…

L'originalité

Un cours d'anglais est un « bain de langue ». Ton professeur t'accueillera *in English*, te donnera des consignes simples *in English*, et te posera des questions auxquelles tu répondras *in English* !

Ton bonus

L'anglais, comme les autres langues, c'est concret, c'est vivant ! Envoyer une carte d'anniversaire en anglais, préparer un *mince pie* (délicieux gâteau anglais fourré), souhaiter la fête des Mères, tout ce que tu vas apprendre fait partie de situations de la vie quotidienne. Ensuite, pour que ça rentre dans ta tête, il te suffit d'être régulier(ère) : 10 à 15 minutes d'anglais tous les jours à la maison, et c'est gagné ! Si tu relis chaque jour à haute voix ton cours, si tu fais le petit exercice demandé et si tu apprends par cœur les phrases d'exemples, c'est gagné !

L'Europe des langues

Qu'il ou elle étudie en Allemagne, en Grèce ou en Espagne, un(e) collégien(ne) qui apprend l'anglais en première langue vivante voit ses connaissances et ses progrès évalués de la même façon au sein de l'Union européenne.
Cinq domaines sont distingués : sa capacité à comprendre l'anglais à l'oral et à l'écrit, sa capacité à s'exprimer à l'oral et à l'écrit, et sa capacité à interagir (participer à une conversation).

ALLEMAND

Peut-être fais-tu partie des élèves qui dès la classe de 6e étudient à la fois l'anglais et l'allemand ? C'est possible dans un certain nombre de collèges en France, même si une majorité d'élèves apprend l'allemand en seconde langue vivante, à partir de la classe de 5e.

Objectif

L'objectif de l'apprentissage de l'allemand dès la 6e est de te permettre de communiquer et d'interagir, c'est-à-dire d'agir en relation avec les autres, en fonction de nouvelles informations que tu reçois (en allemand).
En fin de 6e, tu sauras te présenter, parler un peu de toi, de ta famille, décrire la rue, le quartier, la ville où tu habites. Tu sauras aussi dire quels sont tes goûts, tes loisirs, tes talents. Tu commenceras à pouvoir parler d'évènements du passé ou du futur.
À l'oral comme à l'écrit, tu seras capable de faire des phrases complètes et correctes.

Ton atout

Pour entraîner ton oreille aux sonorités et améliorer ta prononciation, il faudra bien écouter tous les sons nouveaux et les accents pour pouvoir les reproduire. Regarde la chaîne Kika, une émission pour les enfants allemands sur YouTube pour reprendre les chansons étudiées en classe.

L'originalité

Un cours d'allemand est un « bain de langue ». Ton professeur t'accueillera en allemand, te donnera des consignes simples en allemand, et te posera des questions auxquelles tu apprendras à répondre en allemand. Tu découvriras un pays nouveau qui est voisin de la France, ses coutumes et ses légendes.

Ton bonus

L'allemand, comme les autres langues, c'est vivant, c'est concret. Pour t'entraîner à utiliser cette langue, tu pourras écrire une carte d'anniversaire ou de fête des Mères en allemand, réaliser la recette d'un dessert allemand. Ensuite, pour que cette langue rentre petit à petit dans ta tête, il te suffit d'être régulier(ère).
En langue, mieux vaut travailler 10 minutes par jour qu'une seule fois dans la semaine pendant 50 minutes. Alors, relis tous les jours les nouveaux mots et les nouvelles phrases écrites sur ton cahier, à voix haute, et vérifie chaque semaine si tu les as mémorisés.
Tu dois être capable de les redire sans regarder ton cahier. Et bien sûr n'oublie pas de faire les exercices donnés par ton professeur.

ÉDUCATION PHYSIQUE ET SPORTIVE

Objectif

Cette année, tu vas découvrir différentes activités sportives et plein de façons de participer ! Tu pourras être joueur ou joueuse (au badminton par exemple), mais aussi arbitre (d'un match de basket), ou juge (en gym), ou bien entraîneur(se) (d'une équipe de handball) ou encore spectateur(trice). Ainsi tu vivras toutes les facettes d'un sport et apprendras à mieux te connaître.

Ton atout

Le ou la prof d'EPS tient compte des capacités physiques de chacun : c'est plus motivant pour progresser. Il ou elle est à l'écoute de chaque élève alors profite de ces quatre heures de sport, très différentes des autres cours, pour mieux le ou la connaître et mieux connaître les autres. En EPS, on établit des relations différentes !

L'originalité

Serrer la main de son adversaire à la fin d'un match (badminton)… Évaluer un(e) joueur(se) en commençant toujours par les points positifs lorsqu'on

est juge... Observer en silence une démonstration de cirque, d'acrosport (pyramide en gymnastique) ou de danse, puis applaudir à la fin... En éducation physique et sportive, le respect, ce n'est pas que des mots ! À chaque séance, tu te sentiras grandir !

Ton bonus

Tu seras évalué(e) par compétences et peut-être noté(e) en fonction des progrès que tu feras, mais aussi de ton sens de la coopération dans l'équipe, de ton respect des règles données par le(la) professeur(e). Tu apprendras aussi à t'évaluer toi-même pour te fixer des objectifs réalistes, et à observer les autres pour les conseiller ou les juger. Tu réaliseras que chacun avec ses capacités peut participer. Et que c'est ça l'important !

Tes activités

Montagne, mer, ville ou campagne... selon l'endroit où tu vis, et selon les installations de ta commune, les activités varient. Du ski de fond à la voile, de la course d'orientation à l'escalade...
Si ton collège dispose d'une piscine à proximité, l'une des priorités sera que tu apprennes à nager afin de te permettre d'accéder à toutes les activités nautiques en toute sécurité. Ensuite, tu pratiqueras plusieurs sortes d'activités : un sport collectif (le handball, le rugby, le basket...), un sport de raquettes (badminton ou tennis de table), un jeu d'opposition (lutte, judo... parfois boxe), une activité athlétique (saut, course, lancer...), une activité artistique (cirque, danse...), une activité gymnique (gymnastique, acrosport).

Tu aimes le sport ?

Une association sportive existe dans tous les établissements. Elle est animée par les professeurs d'EPS et elle propose différentes activités sportives avec des rencontres entre établissements, au niveau du district du département, de la région. Parles-en à ton(ta) professeur(e), tu seras le bienvenu, quel que soit ton niveau !

Paroles de collégiens

« J'ai fait de l'escalade dans une salle avec un mur d'escalade ! Ça m'a beaucoup plu. On changeait de sport après toutes les vacances... »
Cécile

SCIENCES

En 6e, tu étudies les Sciences de la Vie et de la Terre (SVT) et les sciences physiques. Dans certains collèges, ces matières sont enseignées par le ou la même professeur(e). Dans d'autres, par deux professeurs différents qui se coordonnent et se répartissent le programme.

Par qui

Un(e) ou deux professeur(e)s se partagent le programme de sciences.

Objectif

Te faire découvrir le fonctionnement de ton environnement, et développer ta curiosité.

Ton atout

Des séquences en demi-groupe pour exercer ta curiosité et des « manip' » dignes de vrais scientifiques ! Tu as découvert les sciences en CM1 et CM2. Au collège, l'idée de cet enseignement reste la même, n'hésite pas à relire tes activités de primaire.

L'originalité

Si tu aimes les activités concrètes, partant de phénomènes observés dans la réalité, et des problèmes qu'ils t'ont posés, alors tu seras servi(e) ! En sciences, ton ou ta professeur(e) privilégiera l'observation :
que contient cette motte de terre rapportée d'une promenade en forêt ?
Comment fonctionne ce vélo ?
L'eau bout-elle toujours à 100 °C ?
Comment est faite cette pelure d'oignon, vue au microscope ?
Concret et passionnant !

Pour réussir cette année

Apprends à regarder ce qu'il y a autour de toi, à te souvenir de ce que tu vois pour savoir le décrire et t'en servir. Apprends aussi à conserver des images en mémoire.

Une découverte en trois grands thèmes

1 • La matière

Plutôt assuré par le(la) prof de sciences physiques, ce cours de sciences te permettra de t'interroger sur ce qui constitue la matière que tu vois et qui t'entoure, mais aussi comment elle bouge, quelle énergie elle utilise… Tu apprendras à identifier les sons ou la lumière comme des signaux.

2 • Le vivant, sa diversité et les fonctions qui le caractérisent

Ce thème est plutôt assuré par le(la) prof de SVT. Tu vas y apprendre ce que sont les cellules, en les observant au microscope. Tu apprendras à classer les êtres vivants et à définir leurs liens de parenté. Tu vas comprendre tes besoins alimentaires, et en quoi les micro-organismes aident à produire des aliments. En fin d'année, le développement des êtres vivants n'aura plus de secret pour toi ! Tu sauras d'où vient et ce que devient la matière des êtres vivants.

Paroles de collégiens

Une grande sortie

« Pour l'un des premiers cours, nous sommes allés aux étangs de la Troussatière, près du collège. Nous avons trouvé des empreintes de sanglier, vu des colverts, des insectes… Puis nous avons dû faire un compte rendu par écrit. Ce cours me plaît, parce qu'on fait des choses nouvelles… »
Cécile

3 • La planète Terre, les êtres vivants dans leur environnement

Tu sais que la Terre fait partie du Système solaire, tu sauras la situer. Tu apprendras à identifier les paysages. Tu découvriras quels sont les phénomènes naturels qui constituent des risques pour les populations (séisme, tsunami, cyclone…). Tu sauras décrire ce qui compose un milieu et comprendras les interactions qui ont lieu dans l'écosystème. Tu seras invité(e) à participer à la protection de la biodiversité. À la fin de l'année, tu sauras identifier les enjeux liés à l'environnement.

Le B.A.-BA des sciences

Voici les étapes qui fondent toute démarche scientifique :

1) On observe.
2) On émet des suppositions.
En termes savants : on formule des hypothèses.
3) On fait des expériences.
Pour confirmer ou infirmer ces hypothèses (pour y répondre par oui ou par non).
4) On conclut.
Une méthode rigoureuse pour acquérir des connaissances solides !

Deviens éco-délégué(e)

En France, comme dans tous les pays riches et industrialisés, nous consommons beaucoup d'énergie. Trop. Conséquences : le réchauffement global de la Terre, et de graves changements climatiques (fonte des icebergs et des glaciers, sécheresse, tempêtes…).

Tu veux agir pour préserver la Terre ?
Deviens éco-délégué(e) pour ta classe, ou pour ton établissement. Propose ta candidature lors des élections de délégués et réfléchis à ton programme ! Tu pourras proposer tes idées au conseil d'éco-délégués et ainsi aider ton collège à être acteur de changements.

Éviter le gaspillage au self, réduire la consommation d'électricité dans les classes, créer de la place pour la nature au collège en créant un potager, en installant des ruches ou un abri à insectes… il y a plein de façons d'agir pour la planète. Trouve du soutien auprès de ton ou ta prof de SVT et des idées sur ce site : **materre.fr/dossiers/eco-delegues-des-eleves-engages-pour-la-planete**

ARTS PLASTIQUES

Objectif

Tu expérimenteras différentes façons de produire des images ou des objets en relation avec le monde de l'art. Selon tes projets, tu utiliseras le dessin, le collage, la photo, l'ordinateur, la vidéo... Tu aborderas certaines notions : la couleur, la lumière, la matière, le corps, l'espace (par exemple les limites de la feuille de dessin). Tu pourras découvrir les œuvres de peintres ou de sculpteurs célèbres, les situer dans l'histoire de l'art et les comparer, apprendre à en parler ou à exprimer tes émotions.

Tes atouts

Ton esprit d'initiative, ton dynamisme, ta capacité à trouver des solutions simples et inédites, ton aptitude à travailler à plusieurs. Indispensable aussi : ton ouverture d'esprit envers ce que produisent les autres !

Paroles de collégiens

Vive les artistes !

« Le premier jour on a décrit notre personnalité avec les lettres de notre prénom. Chaque lettre devait représenter une partie de nous. Une autre fois on a utilisé de l'encre de Chine, puis on a fait des dégradés de couleurs et on a travaillé en 3D. »
Max

L'originalité

Tu inventeras une manière personnelle de répondre à ce que demande le ou la professeur(e). Tu essaieras plusieurs solutions. Tu chercheras comment mettre en valeur ton travail. Tu ajouteras un peu de poésie aux images et aux objets banals qui nous entourent !

Tes bonus

En fabriquant une œuvre, tu t'apercevras que chacun (les autres élèves, toi, les artistes) a sa façon de regarder et de représenter le monde. Entre la réalité (une pomme sur une branche) et ses représentations (photo, peinture, collage), il y a forcément une différence ! C'est cette différence qui distingue un artiste. Parfois elle peut surprendre (« C'est pas ressemblant !... C'est pas beau ! »). En classe, tu en discuteras : parce que c'est ancien ? Parce que l'artiste a voulu donner un sens à son œuvre que je ne comprends pas ? Tu feras sans doute des sorties dans des lieux où sont exposées des œuvres d'art. Et un(e) artiste viendra peut-être travailler avec ta classe sur un projet artistique !

ÉDUCATION MUSICALE

L'éducation musicale et les arts plastiques sont assurés par deux professeurs. Tu peux avoir une heure par semaine avec chacun(e) durant toute l'année ou deux heures avec l'un(e) durant la première moitié de l'année et deux heures avec l'autre durant la seconde moitié de l'année.

Objectif

Explorer et expérimenter la richesse de la création musicale.
Durant l'année, tu pourras donc :

- chanter et interpréter
- écouter, comparer, commenter
- explorer, imaginer, créer
- échanger, partager, argumenter

Quel programme !

Ton atout

Tu peux exprimer ta sensibilité artistique.

L'originalité

Tu chanteras, écouteras, joueras, inventeras, impossible de t'ennuyer !

Tu chantes

Chanter sera l'un des temps forts de tes cours. Tu feras des va-et-vient entre différents morceaux de musique que ton professeur te fera découvrir et une chanson que vous chanterez en lui ajoutant, par exemple, des percussions. Tu apprendras à chauffer ta voix et à faire des mouvements pour « tenir » ton corps.

Nous jouons

Batterie, percussions corporelles (mains, pieds, corps) ou carillons..., tu pourras expérimenter plusieurs instruments et même t'essayer à la création musicale sur une tablette ou sur ton smartphone !

Vous écoutez

La musique, tu en écoutes tous les jours : hip-hop, rap, R&B, pop, électro... Ton ou ta professeur(e) t'emmènera sur d'autres ondes, dans d'autres époques (au Moyen Âge, à l'époque romantique, etc), mais aussi sur d'autres continents pour découvrir par exemple les caractéristiques des musiques traditionnelles indiennes.

Ton bonus

Tu aimes chanter ? Renseigne-toi : ton ou ta prof de musique anime peut-être une chorale au collège ! Certains collèges proposent aussi des classes à horaires aménagés pour les élèves qui jouent d'un instrument, chantent ou font de la danse.

Pour tes yeux et tes oreilles

Tu aimes la musique ?
Visite ce site musikobreil.fr.
Créé par un prof de musique passionné, il va enchanter tes oreilles et ta curiosité.

QUIZ

Teste tes connaissances!

Histoire de te dérouiller les méninges, voici un méga-quiz. Prêt(e) ? C'est parti !

1 Quel est le plus grand continent ?

a) l'Afrique
b) l'Asie
c) l'Océanie

2 Comment dit-on en anglais : « Bonjour, je m'appelle Tom » ?

a) Hello, I am Tom
b) Hello, my name is Tom
c) Hello, this is Tom

3

Dans la phrase suivante, comment écris-tu le mot manquant : « Il… est allé. » ?

a) sans
b) cent
c) s'en

4

Comment s'appelle le résultat d'une division ?

a) le quotient
b) le dividende
c) le produit

5

Qui a écrit « La cigale et la fourmi » ?

a) Jacques Prévert
b) Victor Hugo
c) Jean de La Fontaine

6

Comment appelle-t-on l'endroit où un fleuve se jette dans la mer ?

a) l'embouchure
b) le confluent
c) l'affluent

7

Quel temps employer pour raconter au passé la chose suivante : « Dans le grenier de la vieille maison vit une chouette » ?

a) le passé composé
b) le passé simple
c) l'imparfait

8

Lequel des trois n'est pas un moteur de recherche ?

a) Qwant
b) Google
c) Safari

9

Marie a 824 euros, elle veut offrir à ses quatre frères et sœurs une place de concert valant chacune 132 euros. Aura-t-elle assez d'argent ? Pour répondre à cette question, quelle opération dois-tu faire ?

a) une multiplication
b) une division
c) une soustraction

10

« L'enfant qui jouait avait l'air <u>gai</u>. » Dans cette phrase, le mot souligné est :

a) attribut du sujet
b) épithète
c) COD

11 Lequel de ces trois organes est un muscle ?

a) le cœur
b) les poumons
c) les reins

12 Quelle est la capitale des États-Unis ?

a) New York
b) Washington
c) San Francisco

13 Quand a été inventée l'écriture ?

a) il y a environ 3 000 ans
b) il y a environ 5 000 ans
c) il y a environ 8 000 ans

14 Combien font $2\ m^2 + 3\ dam^2 + 5\ m^2$?

a) $30\ 700\ dm^2$
b) $3\ 700\ dm^2$
c) $37\ m^2$

15 Quelle forme correspond au passé simple de la 3e personne du pluriel du verbe « valoir » ?

a) valèrent
b) valairent
c) valurent

16 La forêt amazonienne bénéficie de quel climat ?

a) du climat équatorial
b) du climat tropical
c) du climat tempéré humide

17 Quel écrivain a vécu sous le règne de Louis XIV ?

a) Homère
b) La Fontaine
c) Victor Hugo

18 Parmi ces différentes sources d'énergie, laquelle n'est pas renouvelable ?

a) le charbon
b) le soleil
c) le vent

19 Comment peut-on écrire 34 unités et 5 millièmes ?

a) 34,005
b) 34,5
c) 3,0405

20 Comment appelle-t-on un livre où l'auteur raconte sa vie ?

a) une autobiographie
b) une biographie
c) une histoire vécue

21 Lequel des trois n'est pas un dieu grec :

a) Anubis
b) Athéna
c) Zeus

22 Quel évènement a eu lieu en 800 ?

a) le couronnement de Charlemagne
b) le sacre de Clovis
c) le début de la première croisade

23 Qu'est-ce qu'un tsunami ?

a) un raz de marée
b) un cyclone
c) des vagues géantes dues à un tremblement de terre

24 Dans le monde, quel est le moyen de transport le plus polluant :

a) le train
b) la voiture
c) l'avion

25 En maths, qu'appelle-t-on un nombre premier ?

a) un nombre compris entre 0 et 10
b) un nombre écrit avec le chiffre 1
c) un nombre qui ne se divise que par lui-même et par 1

26 Comment appelait-on la place où se réunissaient les citoyens dans la Grèce antique ?

a) l'Athéna
b) l'acropole
c) l'agora

27 Comment respire un poisson ?

a) avec des branchies
b) avec des bronches
c) avec des bronchiolites

28 En France, comment élit-on le président de la République ?

a) au suffrage officiel
b) au suffrage universel direct
c) au suffrage partiel

29 « Un œil jaune, tout rond, avec, bien au centre, une pupille noire. » Combien y a-t-il d'adjectifs qualificatifs dans cette phrase ?

a) un
b) trois
c) quatre

30 Dans une boîte de 30 chocolats, 2/5 des chocolats sont ronds et les 3/4 des chocolats ronds sont fourrés. Combien y a-t-il de chocolats ronds fourrés ?

a) 12
b) 9
c) 10

RÉPONSES
Teste tes connaissances !

1b Avec ses 44 936 000 m^2, l'Asie est le plus grand continent de la planète, elle représente environ un tiers de la surface terrestre.

2b « Hello, my name is Tom » se traduit : « Bonjour, je m'appelle Tom ». C'est ainsi que l'on se présente en anglais.

3c Pour que la phrase ait du sens, il faut écrire : Il s'en est allé (sans, cent et s'en sont des homonymes).

4a Dans une division, on divise le dividende par le diviseur et on obtient le quotient, avec parfois un reste (ex : 13 : 3 = 4, 13 est le dividende, 3 est le diviseur, 4 est le quotient, 1 est le reste).

5c Jean de La Fontaine a écrit « La cigale et la fourmi », issue du recueil les *Fables* de La Fontaine (lire réponse 17).

6a L'endroit où un fleuve se jette dans la mer s'appelle l'embouchure. Le confluent est l'endroit où une rivière se jette dans un fleuve, et une rivière qui se jette dans un fleuve est son affluent.

7c Vivait. Il faut employer l'imparfait. C'est le temps du récit, au passé.

8c Safari est un navigateur : un logiciel qui affiche les pages web comme Chrome (développé par Google), ou Edge (Microsoft). Un moteur de recherche est une application web pour effectuer une recherche sur Internet à l'aide de mots-clés. Il permet de trouver en quelques secondes, différents types de ressources sur le net : sites et pages web, articles, images, vidéos. Qwant est le 1er moteur de recherche européen. Sa version Qwant Junior est sécurisée pour les enfants.

9a Il faut faire : 4 × 132 euros (donc une multiplication) pour pouvoir rapprocher le résultat obtenu de la somme que possède Marie.

10a Après les verbes d'état (devenir, passer pour, paraître, sembler, être, avoir l'air...), l'adjectif qui qualifie le sujet est « attribut du sujet ».

11a Seul le cœur parmi les trois organes cités est un muscle.

12b La capitale des États-Unis est Washington.

13b Les textes les plus anciens ont été tracés en écriture cunéiforme. Ils datent d'environ 5 000 ans et ont précédé de quelque 1 500 ans l'utilisation des premiers alphabets. L'écriture cunéiforme est née dans le sud de la Mésopotamie, sans doute inventée par les Sumériens.

14a Pour mémoire : 1 hm^2 (ou 1 ha) = 100 dam^2 (ou 100 ares ou 100 décamètres^2) = 10 000 m^2 = 1 000 000 dm^2 = 100 000 000 cm^2. Donc 2 + 300 + 5 = 307 m^2, ou 30 700 dm^2.

15c Le verbe « valoir » conjugué au passé simple et à la 3e personne du pluriel = ils (ou elles) valurent (comme les verbes pouvoir : purent, vouloir : voulurent...).

16a En raison de son étendue, le Brésil connaît plusieurs climats. Au nord-ouest, le bassin amazonien connaît un climat équatorial humide, avec des pluies abondantes toute l'année. Cette région est l'une des plus pluvieuses de la planète, avec une température stable tout au long de l'année, de 26 °C en moyenne.

17b Seul Jean de La Fontaine, bien sûr,

a vécu sous le règne de Louis XIV qui fut roi de France de 1643 à sa mort en 1715. Homère a vécu au VIIIe siècle av. J.C. et Victor Hugo au XIXe siècle.

18a Le charbon est une source d'énergie non renouvelable. Il est fait de substances qui mettent des millions d'années à se constituer. Les énergies régénérées (eau, soleil, vent, biomasse, géothermie) sont renouvelées en permanence par la nature.

19a 34 unités et 5 millièmes = 34,005 (1 millième = 0,001).

20a Dans une autobiographie, l'auteur (la personne qui écrit le livre), le narrateur (la personne qui dit « je » et qui relate l'histoire) et le personnage principal (le sujet du livre) sont la même personne.

21a Zeus est le dieu grec maître de l'univers, qui fait régner l'ordre sur le monde. Athéna est la déesse grecque de la guerre et de la raison. Anubis est le dieu gardien des morts dans l'Égypte antique.

22a Le couronnement de Charlemagne par le pape a eu lieu le 25 décembre de l'an 800, à Reims. Par ce couronnement, Charlemagne devint « empereur d'Occident ».

23c Le mot « tsunami » est un terme japonais qui signifie littéralement « vague de port ». C'est un tremblement de terre sous-marin qui provoque un tsunami. La secousse sous-marine entraîne le déplacement de la couche d'eau située au-dessus de la zone sismique. Un raz de marée peut être provoqué par le vent.

24b Les transports représentent environ un quart des émissions mondiales de CO2 liées à la combustion des énergies fossiles. Les transports routiers (voitures, bus et camions) sont à l'origine de 75% de ces émissions de CO2.

25c En maths, un nombre premier est un nombre qui n'a pas d'autres diviseurs que 1 et lui-même.

26c La place où à l'origine se tenaient les assemblées du *démos* (« le peuple, en grec ») était l'agora. Athéna est la déesse de la Guerre et de la Défense des cités. L'acropole est une citadelle construite sur la partie en hauteur de la cité grecque.

27a Les branchies sont les organes respiratoires des animaux aquatiques, elles absorbent l'air dissous dans l'eau.

28b En France, le président de la République est élu au suffrage universel direct. Cela signifie que tous les électeurs (Français inscrits sur les listes électorales et âgés de plus de 18 ans) peuvent voter.

29b Jaune, rond, et noire sont les trois adjectifs qualificatifs de cette phrase. Cette phrase a la particularité de ne pas comporter de verbe, c'est une phrase nominale (extraite de : *L'œil du loup*, roman de Daniel Pennac).

30b 9 chocolats sont ronds et fourrés : 2/5 de 30 = 12, et 3/4 de 12 = 9.

Quel est ton score ?

+ de 20 bonnes réponses

Ton bagage est varié et paraît solide. Continue !

De 10 à 20 bonnes réponses

Sans doute quelques lacunes ou étourderies t'ont pénalisé(e), mais ton année de 6e te permettra de consolider tes connaissances.

Moins de 10 bonnes réponses

Les quiz, c'est pas ton truc ! Tu verras avec tes professeurs comment apprendre à travailler et à retenir ce que tu apprends.

Pour être AU TOP !

Français

ortholud.com
Pour améliorer son français en s'amusant : orthographe, vocabulaire, grammaire, conjugaison, dictées, lecture, jeux divers...

youtube.com/c/Bien-ecrire
C'est une professeure de français en collège qui a créé cette chaine vidéo sur YouTube. Des explications très claires. Très pratique pour réviser ou mieux comprendre.

Mathématiques

mathador.fr/chrono.html
Pour jouer avec les chiffres et les nombres. Génial pour entraîner son cerveau !

mathenpoche.sesamath.net
Sur ce site, des explications et plein d'exercices pour comprendre et t'entraîner. Clique sur ta classe (6e) et choisis la notion que tu veux mieux connaître.

calculatice.ac-lille.fr/exercices
Des exercices très nombreux et très variés pour t'entraîner au calcul mental

Anglais

Les tutos de Huito
Réalisées par un prof d'anglais en collège, ces vidéos sur sa chaine YouTube donnent envie de parler anglais.

Histoire

espacehgfauthoux.e-monsite.com/

Ce site créé par un prof est très clair et très utile. Tu y retrouves les notions essentielles, des exemples d'évaluation sur les leçons, des documents pour réviser et tester tes connaissances.

Sciences et EMC

Energivores.tv
Une web série décalée qui donne envie de consommer mieux, de gaspiller moins et d'économiser l'énergie !

Mtaterre.fr
Sur le développement durable et le changement climatique, des ressources pour tes exposés ou un projet « vert » au collège (site conçu par l'ADEME, l'Agence de l'environnement et de la maîtrise de l'énergie).

Toutes les matières

Lumni.fr/college
Sur Lumni, tu trouveras plein de vidéos courtes et aussi de jeux pour passer de super moments en apprenant plein de choses.

1jour1actu.com/videos
Des vidéos très courtes sur des sujets variés : c'est quoi la bande de Gaza ? Pourquoi y a-t-il des tremblements de terre ? Les animaux pleurent-ils ? Tu peux aussi envoyer ta question.

À regarder avec tes parents pour en discuter après

Dopamine sur **Arte TV**
Une série de documentaires très bien faits pour comprendre pourquoi on est vite accro à Snapchat, TikTok, What'sApp... mais aussi comment Vinted, Amazon ou Waze savent nous « capter ».

Dans la tête de Juliette
Réussira-t-elle à résister aux sollicitations de son portable ? BD à télécharger ici : clemi.fr/fileadmin/user_upload/JULIETTE.pdf

Soigne ta santé et ton moral

Fil santé jeunes
Des questions sur ta santé ? Va sur **filsantejeunes.com** ou appelle le **800 235 236** (gratuit).

Enfance en danger
Si tu es victime de violence, des adultes sont là pour te répondre et te protéger, 24h/24. N° d'appel gratuit : **119** + un site **allo119.gouv.fr**.

Les PETITES ASTUCES de Lou-Anne

ASTUCE N°1

Fais-toi des amis !

« En 6e, quand on est nouveau(elle), ça peut être compliqué. Il peut y avoir des gens qui se moquent de vous, alors se faire des amis, c'est important. Avec des amis, on se sent plus à l'aise ! »

ASTUCE N°2

Ne te laisse pas impressionner par les grands !

« En 6e on se sent tout(e) petit(e) alors qu'en primaire on était les grands. Parfois, les 3e s'amusent à nous embêter, ils jouent les grands... Quand on a un bonnet sur la tête en hiver, ils nous le prennent ! »

ASTUCE N°3

Entraîne-toi à écrire plus vite !

« En primaire on peut écrire à notre rythme, au collège les profs veulent avancer vite, on ne peut pas prendre notre temps, mais on s'y habitue... »

ASTUCE N°4

Prends de l'avance !

« On approfondit en 6e et il y a des professeurs sévères. Si ce n'est pas formulé comme ils veulent, ils peuvent enlever des points. Moi quand je rentre chez moi, je révise les cours de la journée, puis je fais mes devoirs pour le lendemain, et ensuite je regarde si j'ai des contrôles à réviser pour plus tard, j'essaie de m'avancer au maximum. »

ASTUCE N°5

Organise-toi !

« Le sac, mieux vaut le faire le soir pour être sûr(e) de ce que l'on doit prendre. Le matin, on n'est pas toujours bien réveillé(e), et, si on se trompe, on a un mot dans le carnet et les parents ne sont pas contents. »

Les 10 FORCES qui te libéreront !

1 Pas trop tard le soir tu te coucheras,

pour avoir de 9 à 10 heures de sommeil. C'est avant minuit que les heures de sommeil sont les plus réparatrices.

2 À aérer tes neurones et exercer tes muscles tu t'appliqueras.

Pour bien fonctionner, ton cerveau a besoin d'oxygène. Prends minimum une heure par jour pour l'oxygéner en marchant, courant, faisant du sport et des activités en extérieur.

3 En pleine croissance ton corps tu muscleras.

Pour se construire, ton organisme a besoin de briques solides (pas de régime) et d'activité physique. Bouge-toi au moins une heure par jour : skate, roller, rugby, danse... Tout est bon pour ne pas rester immobile des heures et risquer de favoriser le surpoids. Un ado sur cinq est en surpoids en France.

4 Des coups de main à tes parents régulièrement tu donneras.

Ainsi, l'ambiance à la maison sera « cool », ce qui t'évitera de gaspiller ton énergie en coups de colère et autres bouderies.

5 Du temps libre pour tes copains et copines tu réserveras.

C'est connu : rire c'est bon pour le moral ! À éviter en classe…

6 Te passer des écrans, tu seras cap'.

Ordi, tablette, portable… ces écrans sont super utiles ! Surtout quand on est cap' de les éteindre la nuit, au collège, ou pour faire ses devoirs… Débrancher, c'est bon pour le cerveau !

7 Une activité hors du collège tu rechercheras.

Discussions à l'aumônerie, inventions de bricoleurs géniaux, création artistique, actions de solidarité. Se sentir utile et actif, ça fait tellement de bien !

8 Attentif aux nouvelles baskets de Martin, disponible pour l'exo d'Élodie tu te montreras…

Les petites attentions nourrissent l'amitié et embellissent la vie !

9 Des moments de rêverie, et même d'ennui, tu t'accorderas.

Reprendre son souffle, se retrouver, n'est-ce pas aussi une bonne façon d'apprécier encore plus ses loisirs et ses amis ?

10 Des récompenses tu t'offriras.

Se programmer une séance de ciné une fois le contrôle de maths révisé, se faire offrir une partie de bowling ou s'organiser une pyjama-party après les conseils de classe, ça donne des ailes pour travailler et ça permet de reconnaître les obstacles franchis. Top pour le moral !

Les 5 clés de ta RÉUSSITE

1 Un max de CONFIANCE en toi

Plus dur que le CM2, la 6e ? C'est ce que les « grands » de 5e ou de 3e voudraient te faire croire ! Dis-toi que si tu es arrivé(e) là, c'est que tu en es capable. Te rappeler que les professeurs, ton travail, tes connaissances vont t'y aider, c'est la meilleure attitude à adopter. Tu stresses un peu ? C'est normal ! Le « bon » stress donne de l'énergie pour redoubler d'efforts.

2 Tes oreilles grandes OUVERTES en cours

Tu le savais, mais on te le confirme, les oreilles servent à écouter ! Mais pas les blablas des grands qui veulent t'impressionner ! Tes oreilles sont tes meilleurs atouts en classe. Être attentif(ve) durant un cours est la première condition pour le comprendre puis pour l'apprendre sans trop de difficulté.
Idée + : avant le début du cours, n'hésite pas à prendre de grandes respirations, cela facilitera ta

concentration. Évite aussi de sortir trop de choses (cahier, livre, trousse, etc.), car cela peut distraire ton attention.

3 Des ALLIÉS bien utilisés

Chaque soir avant de te mettre aux devoirs, regarde ton agenda et ton emploi du temps du lendemain pour n'oublier aucune matière. Puis vérifie sur ton ENT si tu n'as rien oublié ou si un(e) professeur(e) n'a pas ajouté quelque chose.
Idée + : si tu as beaucoup d'activités le mercredi, essaie de t'avancer le lundi et le mardi.

4 Une MÉMOIRE entraînée

Si l'on ne s'en sert pas : notre mémoire s'use ! Mais parfois on l'utilise mal. Par exemple, quand on apprend « par cœur » la veille d'un contrôle... le lendemain on s'aperçoit qu'on a tout oublié ! Pour que notre mémoire fixe bien les choses : il faut apprendre, réviser plusieurs fois, et surtout il faut la contrôler. Quand tu penses savoir ta leçon, fais-toi des petites interrogations à l'oral. Là, tu verras si tu connais vraiment ta leçon.
Idée + : quand tu as une éval' sur un long chapitre ou sur beaucoup de verbes irréguliers en anglais, découpe ta leçon en trois ou quatre parties, et commence à l'apprendre plusieurs jours à l'avance. Ainsi chaque jour, tu révises ce que tu as appris les jours précédents. C'est comme ça que ta mémoire retient le mieux !

5 Des ÉLANS de curiosité

Préparer des questions pour le prochain cours d'anglais, lire au CDI un magazine sur les pyramides d'Égypte, poser des questions sur l'actualité à tes parents... tout cela rend le travail scolaire plus intéressant.
Idée + : et si tu créais ton carnet de bord pour noter les grands évènements de ta vie ou du monde ?

Ton PROGRAMME 100 % ÉNERGIE !

Grandir, apprendre, s'amuser, sortir, ça demande une vraie énergie. D'où vient ton énergie ? D'un savant équilibre entre alimentation, sommeil et activités physiques. Sans t'en rendre compte, c'est toi qui pilotes tout ça. Alors, avant de partir à la conquête de la 6e, vérification du moteur !

Ton organisme a besoin de se dépenser et ta tête de s'aérer. Une heure par jour d'activité physique en moyenne, voilà ce qui lui fait du bien.

VRAI

Tu as de la chance, en 6e tu as beaucoup d'heures de sport. Le week-end et les jours où tu n'en as pas, pense aussi à te dégourdir les jambes !

À tous tes repas, tu peux manger des fruits et des légumes, sous toutes leurs formes (crus, cuits, en purée, en compote, en gratin…).

VRAI

Les fruits et légumes sont bourrés de vitamines, de minéraux, qui sont indispensables et protègent ta santé. N'hésite pas à en manger aussi en cas de petit creux.

Comme tu grandis, tu peux te contenter de huit heures de sommeil par nuit.

FAUX

Tu as besoin d'au moins 9 heures de sommeil par nuit. Des difficultés d'attention la journée et de mémorisation (la mémoire travaille la nuit) peuvent provenir d'un manque de sommeil.

Le pain, les pâtes, le riz, ça fait grossir, alors autant éviter d'en manger.

FAUX

Ton organisme a besoin des nutriments apportés par les céréales ! Le riz par exemple, surtout si tu le manges complet, est un très bon aliment. Les pâtes – si possible complètes – apportent aussi de l'énergie qui se consomme lentement. Tes muscles en ont besoin pour bien fonctionner !

Tu peux boire du lait, manger du fromage ou des yaourts à tous les repas.
VRAI
Le calcium contenu dans tous les laitages est indispensable à la croissance et à la solidité de tes os. De plus, si ta puberté n'a pas commencé, elle va bientôt arriver et, avec elle, une phase de croissance importante !

Il n'est pas obligatoire de manger de la viande, du poisson ou des œufs à chaque repas.
VRAI
Les nutritionnistes recommandent de manger peu de viande rouge. Mais il faut apporter à son corps des protéines. Celles-ci se trouvent dans de nombreux aliments comme les pois, les haricots, mais aussi le riz, le quinoa, les noix, les amandes, etc.

Comme tu es en période de croissance (ou que tu vas y entrer), tu peux manger à volonté des produits sucrés.
FAUX
Tu adores ça, et ça se comprend ! Mais les barres chocolatées, sodas, glaces et autres viennoiseries sont à la fois très sucrés et gras... Absolument pas nécessaires à ton équilibre alimentaire, ils peuvent aussi provoquer des caries. Savoure-les de temps en temps, le week-end ou après une compét' de sport !

Ta BIBLI idéale

Pour te détendre, t'évader, faire de belles rencontres, voici une sélection de livres formidables !

AMOUR ET AMITIÉ

La Belle Adèle
de Marie Desplechin
(Gallimard Jeunesse)
Elle n'aime pas s'habiller comme les autres filles du collège. Lui, c'est un fou de grammaire, très gentil. Pour se faire accepter dans leur collège, ils sortent ensemble. Aïe, aïe, aïe... Un roman drôle et malin pour filles et garçons.

Courir avec des ailes de géant
d'Hélène Montardre
(Rageot)
Glenn et les siens mènent la vie ordinaire d'une famille en Australie. Il partage avec son père une passion forte pour la voile... jusqu'au jour où son père périt dans un accident. Glenn est perdu. Seul son grand-père, qui a compris sa détresse, l'encourage et l'entraîne quand il reprend les compétitions. Pour les amateurs d'émotions fortes.

Mentine privée de réseau !
de Jo Witek
(Flammarion)
Elle a beau être douée, futée, et obstinée, Mentine n'échappera pas cet été aux vacances dans le Larzac. Son père l'a punie : elle n'avait qu'à travailler mieux au collège ! Et la voici, confiée à Raoul, un vieux paysan autoritaire qui veut la mettre au boulot et n'a même pas de réseau. Mentine aura besoin de toute son énergie pour survivre à l'été ! Drôle et attachant.

M comme...
de Yaël Hassan
(Casterman)
Mylène est une collégienne comme les autres. Un jour Mamadou, un grand, prend sa défense alors qu'elle se fait racketter. Un joli roman qui donne de l'énergie pour dépasser ses petits (ou grands) problèmes.

PLUS DE LIVRES ?

Le site **www.deslivresetvous.eu** est une mine d'or ! Créé par une prof de lettres (avec qui nous avons réalisé ces pages), il te propose des lectures selon tes envies et tes goûts. Clique sur Recherche, choisis le genre (fantastique, manga, documentaire...), le thème (amour-amitié, histoire, sport), le niveau de difficulté, et hop, c'est parti !

ENFANTS D'AILLEURS

Parvana, une enfance en Afghanistan
de Deborah Ellis
(Livre de Poche Jeunesse)
Parvana vit à Kaboul. Son père est emprisonné. Sur les conseils d'un professeur, elle se déguise en garçon pour aider sa mère et essayer de faire vivre sa famille.

SPORT

Le Ballon d'or
d'Yves Pinguilly
(Rageot)
Bandian vit en Guinée et rêve de devenir footballeur professionnel. Un jour, il réussit à obtenir un vrai ballon de foot en cuir, et il s'entraîne, s'entraîne... Le début d'une grande carrière.

Des histoires de foot pour réfléchir
d'Isabelle Wlodarczyk et Mauro Mazzari
(Oskar)
À travers quatorze histoires de matchs célèbres, et le portrait de grands joueurs, l'auteur aborde de nombreux thèmes : qu'est-ce que l'honneur, la honte, le courage, la violence, la morale ? C'est passionnant ! À lire pour le foot mais pas seulement : pour réfléchir sur notre société.

FANTASTIQUE ET MERVEILLEUX

Le Manoir, Liam et la Carte d'éternité
d'Évelyne Brisou-Pellen
(Bayard Jeunesse)
À sa sortie de l'hôpital, Liam part se reposer au manoir. Un endroit étrange, où rien ne se passe normalement. De plus en plus angoissé, Liam décide de mener l'enquête...

Amari et le bureau des affaires surnaturelles
par B. B. Alston
(Bayard Jeunesse)
Pour retrouver son frère disparu, Amari se rend au Bureau des affaires surnaturelles... où elle va de surprise en surprise. Si tu aimes Harry Potter et les intrigues pleines de rebondissements, tu ne voudras plus quitter l'univers d'Amari !

HISTOIRES POLICIÈRES

Sherlock, Lupin et moi
d'Irène Adler
(Albin Michel)
À Saint-Malo, un cadavre est trouvé sur la plage et voilà trois ados étonnants – Sherlock Holmes, Arsène Lupin et Irène – mêlés à leur première enquête criminelle... Tu aimes les séries policières ? Tu as envie de voyager à la suite de jeunes enquêteurs doués ? Cette série qui compte déjà une dizaine de tomes va te rendre accro !

Dix minutes à perdre
de Jean-François Tixier
(Syros)
Tim vient d'emménager dans une vieille maison. Beurk, sa chambre est tapissée d'un horrible papier peint qu'il entreprend aussitôt d'arracher. Surprise : d'étranges messages apparaissent sur le mur. Tim décide de mener l'enquête… Un bon roman qui te tiendra en haleine.

NATURE ET ANIMAUX

Le Triangle des Bermudes
d'Anouk Journo-Durey
(Bayard poche)
Avec ses parents chercheurs en archéologie sous-marine, Mattéo passe ses vacances dans le triangle des Bermudes. Un lieu inquiétant, connu pour ses nombreuses disparitions de navires. Mattéo voudrait bien percer son mystère… Captivant !

Le Fils des loups
de Alain Surget
(Rageot)
Le petit Pélot est parti couper du bois dans la montagne. Surpris par une tempête de neige, il se perd et… est découvert par une famille de loups. L'histoire se déroule au siècle dernier : Pélot peut-il vivre comme un animal ? Est-il adopté par les loups ou prisonnier de la meute ? L'aventure de Pélot explore les liens qui unissent l'homme à l'animal.

MANGAS

Chi, une vie de chat tome 1
de Konami Kanata
(Glénat)
La découverte de la vie japonaise à travers le regard d'un chat… et de ses malentendus avec son maître. Très drôle !

A Silent Voice
de Yoshitoki Oima
(Ki-oon)
Shoya est le meneur de la classe. Toujours le premier à faire des paris stupides pour entraîner les autres ! Arrive dans sa classe de CM2 Shoko, une élève malentendante. Évidemment Shoya décide de s'en moquer. Toute la classe se ligue contre elle… jusqu'au jour où la situation se retourne contre Shoya. De harceleur, il devient harcelé… et prend enfin conscience de ses actes.

HISTOIRE

Le Dernier Voyage, le Docteur Korczak et ses enfants
d'Irène Cohen-Janca et Maurizio A. C. Quarello
(Les Éditions des Éléphants)
Ce superbe album raconte l'histoire vraie des orphelins juifs de Varsovie pendant la Seconde Guerre mondiale. Recueillis et éduqués par le Dr Korczak, ils continuent, malgré le ghetto, la peur, la faim… puis le dernier voyage, à vivre, à apprendre. Magnifique !

Ariane contre le Minotaure
de Marie-Odile Hartmann
(Nathan)
Bienvenue dans les histoires noires de la mythologie ! Découvre comment le monstre Minotaure a été conçu et comment il a été vaincu par Thésée et Ariane. À lire et à relire !

BD FANTASTIQUE

Louca,
tome 1, Coup d'envoi
de Bruno Dequier
(Dupuis)
Louca n'a pas de bol ! Mauvais à l'école, mauvais au foot, mais amoureux fou de Julie. Et voilà qu'il rencontre Nathan, son parfait opposé : brillant en tout. Sauf que Nathan est un fantôme ! Impossible d'abandonner cette BD avant la fin : on veut savoir comment Louca va s'en sortir et quel est le secret de Nathan...

PLANÈTE DURABLE

Une seule Terre pour nourrir les hommes
de Florence Thinard
(Gallimard Jeunesse)
De magnifiques photos nous montrent la richesse du monde agricole mais aussi ses terribles inégalités. Un milliard de personnes ne mangent toujours pas à leur faim ! Heureusement, le livre présente des solutions pour l'avenir et des pistes pour que chacun puisse agir à son échelle.

30 jours sans déchets
de Sophie Rigal-Goulard
(Rageot)
Attention ! L'aventure d'Austin et Madison, des frère et sœur bourrés d'idées et d'énergie, est contagieuse ! Au fil des pages de ce roman très drôle, tu verras que toi aussi tu sauras comment moins remplir ta poubelle, créer de beaux cadeaux sans emballage, et même cuisiner autrement...

BD
La Biodiversité
Hubert Reeves nous explique la biodiversité
(Le Lombard)
Lors d'une sortie de classe, les enfants découvrent que les êtres vivants sont tous dépendants des uns des autres. Oui ! Les céréales qui poussent bien et les arbres qui donnent de bons fruits dépendent des lombrics qui aèrent la terre et des abeilles qui les pollinisent ! Une BD pour tout comprendre sur la biodiversité.

MENTION SPÉCIALE À...

Un clic de trop
de Rhéa Dufresne
(Bayard Canada)
Léa est une collégienne sans histoire. Un jour, elle met sur son compte Facebook une photo d'elle à la piscine. Commentaires méchants, puis harcèlement... Même sa mère ne comprend pas que sa vie devienne un enfer. Un roman très accessible et très juste sur le cyberharcèlement.

Ton CALENDRIER de l'année

Cette année, tu auras plein d'occasions d'agir, de t'engager, de te motiver. Voici quelques idées…

PREMIER TRIMESTRE

SEPTEMBRE

Rentrée scolaire

Es-tu prêt(e) ? Pour que leurs nouveaux élèves de 6e se sentent bien, les collèges organisent un accueil particulier. Certains prévoient une demi-journée ou une journée entière pour eux seuls dans l'établissement. D'autres mettent en place une semaine spéciale, pour leur présenter l'établissement, le fonctionnement de la classe, etc.

Pyramides de chaussures

Le dernier week-end de septembre, l'association Handicap international propose de créer des « pyramides de chaussures » pour protester contre les mines antipersonnel. Ces explosifs enfouis dans le sol font des milliers de victimes chaque année. Peut-être ton collège participe-t-il à cette action.
handicap-international.org

Tu aimes les maths ?

Ton ou ta prof de maths est sympa ? Parle-lui du « Kangourou des mathématiques ». C'est un concours de questions et de jeux mathématiques. Plus de 6 millions d'élèves y participent dans le monde ! Ta classe pourrait y participer. Plus d'infos :
mathkang.org

ANNIVERSAIRES ET FÊTES À SOUHAITER :

……………………………………

……………………………………

RENDEZ-VOUS À NE PAS RATER :

……………………………………

……………………………………

OCTOBRE

Deuxième semaine d'octobre : c'est la période des élections des délégués, des éco-délégués et de la désignation des élèves au Conseil de la vie collégienne (CVC, lis aussi p.24). Une manière d'être utile et d'apprendre plein de choses !

11 : Journée internationale des droits des filles

Plus de 115 millions de filles de 6 à 18 ans dans le monde sont encore privées d'école. Un terrible handicap pour leur avenir.

17 : Journée internationale pour l'élimination de la pauvreté

L'extrême pauvreté c'est vivre avec moins de 64 euros par mois. Cela concerne plus de 700 millions de personnes dans le monde. Ce nombre diminue mais... trop lentement.

Troisième semaine d'octobre : vive les vacances ! Une pause bien méritée !

31 : HALLOWEEN

Tu cherches des idées pour un goûter effrayant ? Va sur iloveenglish.com (clique sur « Fun & Games », puis « Recettes et bricolages »).

ANNIVERSAIRES ET FÊTES À SOUHAITER :

....

....

RENDEZ-VOUS À NE PAS RATER :

....

....

....

NOVEMBRE

Début novembre, tu retournes au collège !

Début novembre, il y a la journée nationale de lutte contre le harcèlement. Ton collège consacrera au moins deux heures à ce sujet. On te demandera sans doute de remplir un questionnaire anonyme où tu pourras exprimer ce que tu ressens au collège, si tu t'y sens en sécurité ou si tu as été témoin de paroles ou gestes violents et répétés.

11 : Anniversaire de l'armistice du 11 novembre 1918

Il marquait la fin de la Première Guerre mondiale. C'est un jour férié, donc de repos pour toi.

13 : Journée mondiale de la gentillesse

Ça ne fait de mal à personne !

20 : Journée internationale des droits de l'enfant

Renseigne-toi sur **unicef.fr**

3e semaine de novembre : Semaine de la solidarité internationale

Le Conseil de la vie collégienne ou un club dans ton collège organisent peut-être une action. Renseigne-toi !

ANNIVERSAIRES ET FÊTES À SOUHAITER :

....

....

RENDEZ-VOUS À NE PAS RATER :

....

....

DÉCEMBRE

Durant le premier week-end a lieu le Téléthon. Des dons sont collectés pour la recherche contre les maladies génétiques.
Plus d'infos : **afm-telethon.fr**

Conseil de classe

Tes profs font le point sur ton premier trimestre. À cette réunion assistent aussi tes délégués de classe et les délégués des parents, le ou la principal(e) (ou son adjoint(e)). Tous les profs remplissent ton bulletin. Il sera remis en main propre à tes parents avant les vacances de Noël.

3 décembre : Journée internationale des personnes en situation de handicap

Propose à ton ou ta prof principal(e) ou d'histoire-géo un débat dans ta classe après avoir visionné ensemble ce petit film **dailymotion.com/video/x1ztkfr**

VIVE LES VACANCES DE NOËL !

ANNIVERSAIRES ET FÊTES À SOUHAITER :

....

....

RENDEZ-VOUS À NE PAS RATER :

....

....

DEUXIÈME TRIMESTRE

JANVIER

BONNE ANNÉE !

Rien de tel qu'un petit concours de calcul mental pour réveiller tes neurones et ceux de toute ta classe. Parle à ton ou ta prof de maths du concours Mathador : blog.mathador.fr
Chaque lundi, une nouvelle épreuve est proposée sur le site durant 18 semaines (pas durant les vacances). Et à la fin, le ou la Grand(e) Gagnant(e) est désigné(e) !

Campagne de solidarité et de citoyenneté de la Jeunesse au plein air

En France, beaucoup d'enfants ne partent pas en vacances. Une collecte d'argent est organisée jusqu'au début du mois de février pour permettre à des enfants de partir en classes vertes, en classes de découvertes ou en colonies.
Plus d'infos : **jpa.fr**

27 : Journée de la mémoire de l'Holocauste et de la prévention des crimes contre l'humanité

La France et l'Allemagne ont choisi ensemble la date anniversaire de la libération du camp d'Auschwitz (camp de concentration et d'extermination pendant la Seconde Guerre mondiale) pour cette journée de mémoire. Ton ou ta prof d'histoire t'en parlera sûrement. N'hésite pas à lui poser des questions.

ANNIVERSAIRES ET FÊTES
À SOUHAITER :

....

....

RENDEZ-VOUS À NE PAS RATER :

....

....

FÉVRIER

VIVE LES VACANCES

Tu auras deux semaines pour te reposer !

7 : Safer Internet Day

C'est la journée internationale pour un internet sans crainte. Super, cette année, tu apprendras à protéger tes données personnelles quand tu vas sur internet.

14 : Saint-Valentin

À qui souhaiteras-tu une bonne Saint-Valentin ? Aux États-Unis, beaucoup de gens offrent un petit cadeau à leur... chien !

ANNIVERSAIRES ET FÊTES
À SOUHAITER :

....

....

RENDEZ-VOUS À NE PAS RATER :

....

....

TROISIÈME TRIMESTRE

MARS

Fête des Grands-Mères

Début mars, n'oublie pas de fêter tes grands-mères !

8 : Journée mondiale des droits de la femme

Dans 24 pays du monde, les femmes doivent encore avoir l'autorisation de leur mari pour travailler.
Plus d'infos : **oxfamfrance.org**

2e quinzaine de mars : c'est souvent à cette période qu'a lieu ton **deuxième conseil de classe**.

20 : C'est la Journée internationale du bonheur

Et si tout le monde décidait de sourire ?

Fin mars : Une heure pour la planète

Partout dans le monde, on fête la planète et la biodiversité.
Renseigne-toi sur **earthhour.fr**

Semaine de la presse à l'école

Ton ou ta prof doc fera peut-être venir un(e) journaliste dans ton collège. Il ou elle peut aussi commander des journaux et des magazines pour te faire découvrir la différence entre une info et une intox (ou *fake news*). **clemi.fr**

Journée du sommeil

Chaque année avant l'équinoxe de mars a lieu la Journée internationale du sommeil. À l'adolescence, on a besoin de 8 heures de sommeil par jour pour avoir un cerveau au top et être en pleine forme !

ANNIVERSAIRES ET FÊTES À SOUHAITER :

....

....

RENDEZ-VOUS À NE PAS RATER :

....

....

AVRIL

Courant avril, selon l'endroit où tu habites, commenceront tes deux semaines de vacances de Pâques. Profite bien du printemps qui s'installe !

1er : Prépare vite ton poisson d'avril !

7 : Journée mondiale de la santé

Bouger 60 minutes par jour quand on est enfant est une façon très simple d'éviter des maladies plus tard ! Vive le vélo, le skate, les rollers, la trottinette !

Lundi de Pâques

Tu n'as pas classe.

VIVE LES VACANCES DE PRINTEMPS !

ANNIVERSAIRES ET FÊTES À SOUHAITER :

....

....

RENDEZ-VOUS À NE PAS RATER :

....

....

MAI

8 : Anniversaire de la fin de la Seconde Guerre mondiale (8 mai 1945)

C'est un jour férié, tu n'as pas cours.

9 : Journée de l'Europe à l'école

En mémoire de la déclaration de Robert Schuman, considéré comme le « père de l'Europe », et dont le discours symbolise l'acte de naissance de l'Union européenne.

En mai et juin :

Surveille ton calendrier pour ne pas oublier le dimanche de la fête des Mères, puis deux semaines plus tard celui de la fête des Pères.

Ascension

C'est un jour férié. Repos pour toi.

ANNIVERSAIRES ET FÊTES À SOUHAITER :

....

....

RENDEZ-VOUS À NE PAS RATER :

....

....

JUIN

3e conseil de classe

Avant la mi-juin, tu vas décider si tu fais du latin ou pas en 5e et quelle seconde langue vivante tu étudieras.

5 : Journée mondiale de l'environnement

12 : Journée internationale contre le travail des enfants

L'occasion de te souvenir qu'aller à l'école est une chance !

21 : Fête de la musique

Trop cool les concerts dans les rues !

ANNIVERSAIRES ET FÊTES À SOUHAITER :

....

....

RENDEZ-VOUS À NE PAS RATER :

....

....

VIVE LES VACANCES D'ÉTÉ !

Souvent à cause du Brevet des collèges, les cours cessent avant la fin juin…

Bonnes vacances !

SPÉCIAL TEST

Es-tu prêt(e) pour la 6e ?

Tu voudrais mieux retenir tes leçons ? Travailler plus efficacement ? Devenir super organisé(e) ? En faisant les 5 tests qui suivent, tu vas comprendre comment tu fonctionnes, découvrir tes points faibles mais aussi tes atouts. Ainsi tu sauras comment progresser !

TEST 1

As-tu le sens de l'organisation ?

1- Tu veux offrir un cadeau à ta mère...

Mais où est donc passée ta tirelire ?

Tu demandes à ton frère de t'avancer de l'argent.

Tu sors de ta cachette un billet de 10 euros.

2- Tu veux faire un gâteau pour le goûter...

Tu vérifies si tu as bien tous les ingrédients.

La cuisine est zone interdite jusqu'à 16 heures !

Tu laisses tomber, il n'y a pas d'œufs !

3- Samedi, tu pars en stage de foot...

Une montagne de vêtements envahit ta chambre !

Tu prépares une liste des affaires à emporter.

C'est à quelle heure déjà, le départ ?

4- Quand tu veux être sûr(e) de ne rien oublier…

Tu l'écris en rouge tous les jours dans ton agenda.

Tu colles une feuille au-dessus de ton bureau.

Tu demandes à ta mère de te le rappeler.

5- Tes cousins débarquent le week-end prochain…

Trop cool, vous allez bien rigoler !

Tu t'avances dans ton travail tous les soirs.

Tu leur demanderas de t'aider pour les maths.

6- Tu te prépares pour l'anniv' d'une copine.

« Maman, tu peux me repasser ce tee-shirt ? »

Zut, ton jean sous le lit est sale !

Tu avais prévu ta tenue avant-hier.

7- Ta chambre ressemble…

À une plage après un raz-de-marée !

À une île déserte !

Ça dépend de ton humeur.

8- Ta trousse pour l'école est…

Toujours à moitié vide.

Toujours archi remplie.

Impec' car vérifiée chaque week-end !

9- Aller à la piscine sans bonnet de bain…

Ça ne t'est jamais arrivé.

Ça t'est arrivé une fois.

Oups ! Ça t'arrive souvent !

Résultats du TEST 1

Compte le nombre de symboles obtenus
et reporte-toi aux résultats ci-dessous.

Un max de 🐢 : ALLERGIQUE À L'ORGANISATION

Avoir plein d'objets autour de toi te rassure. Bonne nouvelle : le désordre est stimulant pour le cerveau ! Mais cela peut être une source de perte de temps (tu cherches en vain tes affaires) et de stress aussi (tu te fais disputer par tes parents ou tes professeurs). Pour apprendre à t'organiser, crée-toi des rituels, des gestes que tu répéteras chaque jour. Cela te demandera un effort au début mais ensuite cela deviendra une habitude. Deux suggestions : le rituel du cartable et le rituel des vêtements (lis pages suivantes).

Un max de 🤖 : ORGANISATEUR ★★★

Tu aimes l'ordre et l'organisation. Cela te rassure et te rend efficace. Cela te permet aussi d'accepter les imprévus sans inquiétude. C'est aussi grâce à une bonne organisation qu'on arrive à mener de front plusieurs activités : les devoirs, la natation synchronisée, la flûte… et les copains ! Continue comme ça, sans oublier de garder des moments pour te reposer, et de te coucher à heures régulières.

Un max de 👻 : APPRENTI ORGANISATEUR

Tu as du mal à faire des choses à l'avance. C'est ce que tu vas apprendre cette année. Pour cela, ton agenda est ton allié. Note avec précision ton travail scolaire. Écris en rouge les contrôles et devoirs pour que tu les voies bien. Note en bleu tes rendez-vous réguliers (le sport, la musique), et en noir ceux qui sont plus imprévisibles : le tournoi de tennis ou le week-end scout. Chaque week-end, regarde ton agenda pour les trois semaines à venir, repère les jours où tu as du temps pour t'avancer et écris en vert ce que tu peux faire en avance.

3 TRUCS pour t'organiser !

Truc n°1

Utilise ton emploi du temps

Sur une grande feuille, recopie ton emploi du temps. Sous la ligne des jours de la semaine, ajoute une ligne pour indiquer le matériel à prévoir (utile pour préparer ton sac la veille au soir). Choisis une couleur différente par matière, c'est plus clair. Affiche ton emploi du temps au-dessus de ton bureau.

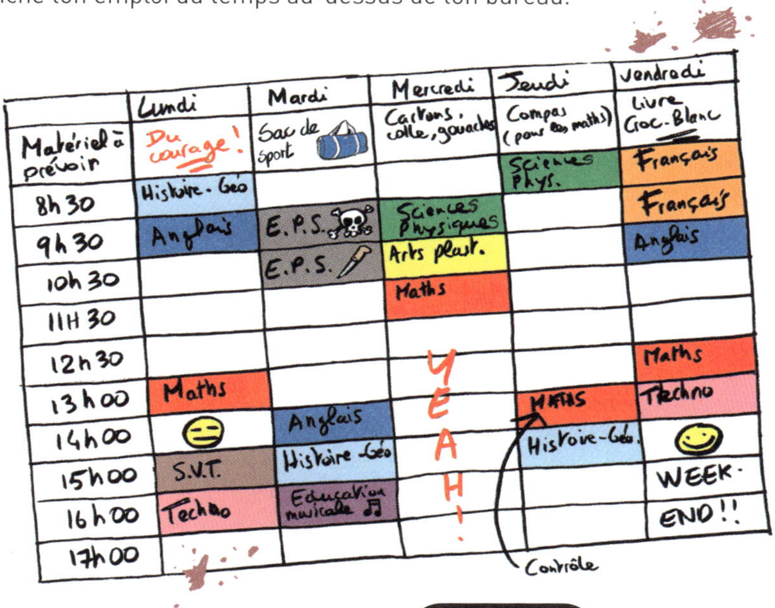

Truc n°2

Crée ta boîte à fournitures

Demande à tes parents de créer une boîte de secours : cartouches, colle, gomme, feuilles, feutres, stylo effaçable, « blanco » (en souris).

Truc n°3

Attribue une couleur à chacune de tes matières

Si tes profs n'ont pas imposé de couleurs, facilite-toi la vie. Pour reconnaître plus vite tes affaires, choisis une couleur par matière. Par exemple rouge pour les maths, bleu pour le français, vert pour l'histoire-géo-EMC... + une pochette transparente pour ta réserve de feuilles.

TEST 2

Es-tu le roi (la reine) des devoirs ?

1- Aimes-tu faire tes devoirs à la maison ?

Un peu.

Pas du tout.

Oui, ça va...

2- Quand tu as des devoirs...

Tu retardes le moment de t'y mettre.

Tu prends un bon goûter avant.

Tu les fais au salon, un œil sur la télé.

3- Le meilleur endroit pour faire tes devoirs...

À ton bureau, la porte de ta chambre fermée.

Au collège, durant l'aide aux devoirs.

Sur ton lit avec de la musique.

4- Face à un problème, une difficulté...

Tu appelles ton meilleur ami ou ta meilleure amie.

Tu attends que tes parents rentrent.

Tu relis ton cours : il doit bien y avoir des indices...

5- Tu as un grand devoir de maths à faire à la maison…

Tu prévois d'y passer 2 heures ce week-end.

Tu t'en débarrasses le plus vite possible pour passer à autre chose.

Tu repousses le moment de t'y mettre tellement ça t'angoisse.

6- Tu as un travail de groupe à faire…

Zut, tu détestes ça !

Super, tu invites tout le monde chez toi samedi !

Tu répartis les tâches, comme ça tout le monde s'y met !

7- Évaluation d'anglais la semaine prochaine…

Tu es super motivé(e).

Ça te stresse !

Cool : tu as le temps de réviser ce week-end.

8- Ton allié pour les devoirs, c'est :

Ton smartphone pour la musique.

Le minuteur de ton smartphone pour mieux gérer ton temps.

Ton smartphone pour appeler ton meilleur ami en cas de problème.

9- Côté concentration, tu es plutôt…

Papillon (vite déconcentré(e) !)

Fourmi (très concentré(e) !)

Oiseau (parfois tu t'envoles ailleurs) !

Résultats du TEST 2

Compte le nombre de symboles obtenus
et reporte-toi aux résultats ci-dessous.

Un max de [symbole] : EFFICACITÉ À DÉVELOPPER

Priorité : augmenter ta motivation. Adopte cette routine au retour du collège : 20 minutes de détente physique (roller, vélo, punching ball...) + un bon goûter + une chambre aérée = je m'installe à mon bureau. Cela t'évitera de traînasser et préparera ton cerveau au travail. Pour te motiver, garde la matière que tu préfères pour la fin et commence par les devoirs qui te demandent le plus d'efforts. Vas-y progressivement : toutes les 10 minutes, dégourdis tes jambes ou saute dans ta chambre pour expulser ton énergie. Ensuite, reconcentre-toi.

Un max de [symbole] : EFFICACITÉ MODÉRÉE

Tu as tendance à traîner, à faire tes devoirs au dernier moment. Pour augmenter ta concentration, donne-toi des objectifs et utilise un minuteur : 10 minutes pour relire à voix haute le cours de maths, puis 10 minutes pour faire les nouveaux exercices. 15 minutes pour apprendre par cœur les phrases d'anglais en les écrivant 5 fois, puis en les récitant. Fais une pause après chaque étape : bouge, bois un verre d'eau, ouvre ta fenêtre. Puis continue.

Un max de [symbole] : BONNE EFFICACITÉ

Tu sais qu'en faisant tes devoirs chaque jour, tu vérifies si tu as compris le cours, tu notes des questions à poser au professeur au besoin, et tu apprends plus facilement. Pour que ton cerveau soit « au top », alterne les activités longues ou courtes, difficiles ou faciles, de mémorisation ou d'entraînement (exercices). Car ton cerveau adore la variété et a besoin de faire des pauses régulièrement.

3 TRUCS pour des devoirs plus efficaces

Truc n°1

Oxygène ton cerveau.

Avant de travailler, mets-toi debout, inspire par le nez pendant 5 secondes. Retiens l'air dans tes poumons deux secondes, puis expire par la bouche pendant 5 secondes. Garde tes poumons vides deux secondes, puis inspire à nouveau pendant 5 secondes. À répéter 5 fois.

Truc n°2

Vide ton sac !

De nombreuses pensées peuvent « te prendre la tête ». Il faut les éloigner de toi durant tes devoirs. Imagine que tu les enfermes dans un ballon gonflable et que tu l'envoies loin, très loin. Ferme les yeux et visualise-toi en train de faire ce rituel. Ensuite, tu peux te mettre au travail !

Truc n°3

Récompense-toi

Pour se donner du courage, il faut se féliciter. Dessine un smiley souriant sur ton agenda chaque fois que tu as terminé un devoir. Ça fait du bien !

TEST 3
Es-tu maître de ton attention ?

1- Une bonne nuit pour toi…

Dure de 9 à 10 heures.

Ne commence pas avant 22 h 30.

Devrait durer jusqu'à 10 heures le matin.

2- En cours, tu…

Écoutes parfois tes copains quand ils bavardent.

Arrives à garder tes yeux et tes oreilles sur le professeur et ses paroles.

T'évades souvent par la fenêtre.

3- Sais-tu quand ton attention faiblit en cours ?

Non, je ne m'en aperçois pas !

Oui, quand je commence à bâiller.

Oui, quand j'entends la voix du prof, mais plus ses mots.

4- Pour être attentif(ve) en classe, tu as aussi besoin…

De te défouler pendant la récré.

D'être à côté de ton (ta) meilleur(e) pote.

De changer de classe à chaque cours.

5- Tu favorises ton attention en cours, si…

Tu prends un bon petit déj le matin.

Tu bouges et tu bois de l'eau durant la récréation.

Tu ne parles pas en classe.

6- Quelques élèves font les pitres en classe…

Tu rigoles dix secondes.

Enfin, de l'animation !

Ça ne t'intéresse pas, tu les ignores…

7- Certains élèves ont de plus grandes capacités d'attention…

C'est sûr, on ne peut rien y faire !

Peut-être, mais chacun peut s'améliorer !

Ça dépend de beaucoup de choses…

8- Pour rester concentré(e) en classe…

Il faut se tenir tranquille.

Il faut d'abord le décider et refuser de se laisser distraire.

Il faut un bon prof.

9- Lire attentivement un texte, c'est…

Le comprendre pour pouvoir répondre à des questions.

Chercher les mots que tu ne comprends pas.

Faire attention à l'enchaînement des mots.

Résultats du TEST 3

Compte le nombre de symboles obtenus et reporte-toi aux résultats ci-dessous.

Un max de 🐢 : UNE ATTENTION EXPERTE

Bravo ! Tu as compris qu'être attentif(ve) ne signifie pas « être passif(ve) », au contraire. Être attentif(ve) signifie être très actif(ve), car il faut « débrancher » son cerveau des parasites qui le sollicitent (l'envie de jouer, une sensation de faim, un coup de barre...). Il faut « décider » de focaliser ton attention sur une seule chose (les explications du prof de maths !), pour la faire entrer dans ton cerveau et pouvoir la réutiliser plus tard... lors des devoirs à la maison ou du prochain contrôle.

Un max de 👻 : UNE ATTENTION EN CROISSANCE

C'est bien ! Tu as déjà remarqué que ton attention ne fonctionne pas toute seule. Elle a besoin d'un maître déterminé (oui, toi !) qui la dirige. Cela nécessite que tu lui donnes des priorités. Pour que ton attention continue à croître, soigne le repos de ton cerveau. Dors au minimum 9 heures par nuit, dans le silence, (sans portable à côté de toi), bois de l'eau entre les cours et pense à te défouler !

Un max de 👾 : UNE ATTENTION FRAGILE

Bon début, continue ! Rassure-toi : dans la vie, il n'y a pas d'un côté les chanceux « pleins d'attention » et de l'autre les malchanceux qui n'en ont pas. Nous avons tous un cerveau, doté de 100 milliards de neurones hyperactifs. Mais les neurones adorent ce qui bouge ! **C'est pour cela que c'est à toi, et à toi seul(e), de leur dire : « STOP ! Ne réagissez pas aux copains qui parlent, je veux rester focalisé(e) sur le cours ! »** Avant chaque cours, répète à tes neurones cette consigne : « Ne vous éparpillez pas, seul le cours est important ! » Petit à petit, ils en prendront l'habitude. Lis aussi la page de droite.

3 trucs pour booster ton attention au collège

Truc n°1

Mets-toi en mouvement

Entre les cours, sors dans la cour. Profite des récrés pour bouger, crier, te défouler... et boire de l'eau. Le cerveau a besoin d'oxygène et d'eau pour bien fonctionner.

Truc n°2

Recentre ton énergie

Quand tu arrives en cours, assieds-toi vite à ta place et imagine un grand 8 couché. Dessine-le avec ton doigt mentalement (juste dans ta tête) et suis ce tracé plusieurs fois. Cela te recentrera sur toi et t'aidera à être plus attentif(ve).

Truc n°3

4 gestes pour réactiver ton attention

• Redresse ta colonne vertébrale, en tirant ta tête vers le plafond, puis respire cinq fois de suite bien lentement.
• Tire trois fois le lobe de tes oreilles.
• Fais tourner tes mains et tes pieds, avant de refixer tes yeux sur le professeur.
• Pose tes mains serrées et recourbées (comme pour former une cuillère) cinq secondes devant tes yeux.

Bonus Vidéo

Découvre le fonctionnement de ton attention !

Regarde avec tes parents une série de vidéos sur l'attention, les neurones, et tout ce qui peut nous déconcentrer.
lesfondamentaux.reseau-canope.fr/, + tape « attention » dans la loupe de recherche.

TEST 4

Es-tu autonome ?

1- Ta chambre, c'est…

Le grand bazar !

Génial ! Tu t'y sens très bien.

Un endroit qu'il faut ranger quand ton père hausse la voix !

2- Ton argent de poche…

Tu économises un peu chaque mois pour te faire plaisir.

Tu n'en as jamais assez !

C'est pas énorme, mais ça va…

3- Pour les gros contrôles tu révises…

Toujours au dernier moment !

Par petits bouts pendant 15 jours.

C'est ta mère qui gère ton planning de révisions !

4- Ton portable…

Tu le laisses traîner dans le salon.

Tu l'as toujours avec toi.

Tu l'éteins avant de te coucher.

5- Tu étais à un anniversaire…

Tu rentres à la maison à l'heure prévue.

Tu es super en retard, tu rentres chez toi en courant !

Tu appelles tes parents pour négocier un délai.

6- En cours, quand tu ne comprends pas…

Tu t'ennuies.

Tu poses des questions.

Tu demandes à ton voisin de t'aider.

7- Les leçons, tu les apprends…

Régulièrement.

De temps en temps.

Quand le prof le demande !

8- Tes affaires de musique…

Tu les oublies régulièrement !

Tu les prépares la veille au soir.

Tes parents veillent à tout !

9- Tu as eu une mauvaise note à un contrôle…

Tu t'énerves ! Ce prof est vraiment nul !

Tu relis ta copie et essaies de voir ce qui a posé problème.

Tu vas voir le professeur pour avoir des explications.

Résultats du TEST 4

Compte le nombre de symboles obtenus et reporte-toi aux résultats ci-dessous.

Un max de [symbole] : AUTONOMIE À CULTIVER

Tu es déjà pas mal autonome dans ton travail scolaire, bravo ! Tu vérifies si tu sais bien tes leçons en te posant des questions. Quand tu ignores le sens d'un mot, tu le cherches ou tu demandes à tes parents. Et tu as pris l'habitude de regarder dans ton agenda les devoirs à faire sur les 7 jours à venir pour prendre de l'avance au besoin. Continue !

Un max de [symbole] : AUTONOMIE À TRAVAILLER

Quand cela t'arrange, à la maison tu peux faire preuve d'autonomie. Pourtant, tu attends les contrôles pour apprendre tes leçons et tu fais tes devoirs au dernier moment. Résultat : des difficultés et du stress inutiles. Dis-toi que plus tu travailleras régulièrement et poseras des questions quand tu ne sais pas (aux professeurs, à tes parents), moins le travail scolaire te paraîtra difficile. Tu vas voir, travailler par soi-même est mille fois plus agréable que d'avoir sur son dos ses parents ou ses profs !

Un max de [symbole] : AUTONOMIE À CONQUÉRIR

Apprendre tes leçons, mettre le couvert... tu sais que tu dois le faire, mais, comme cela ne t'amuse pas, tu essaies souvent de « zapper ». Un « petit de primaire » ne se comporterait pas autrement ! Pour être traité(e) comme un(e) grand(e), prends les choses en main ! Les tâches à faire à la maison ? Participe, et tu seras tranquille ! Les devoirs et les leçons ? C'est impossible d'apprendre et de progresser sans cela, alors autant en prendre vite l'habitude. Plus tu donneras à ton cerveau l'habitude de travailler, plus ce sera facile. Pour lui et pour toi !

3 trucs pour développer ton autonomie

Truc n°1

Prends confiance

Le premier frein à l'autonomie ? C'est souvent le manque de confiance en soi. Pour la consolider, donne-toi de petits défis : trois jours sans râler, une semaine sans bavarder en classe... Félicite-toi quand tu les as atteints ! Tu pourras ensuite te fixer des objectifs un peu plus exigeants. Et, quand tu doutes, rappelle-toi ce que tu as réussi.

Truc n°2

Prouve à tes parents que tu es cap

Tes parents aiment tout contrôler ? Propose-leur de te laisser travailler seul(e) la semaine et de faire un point « agenda » ensemble le week-end. Petit à petit, tu progresseras et prendras les choses en main...

Truc n°3

Prends-toi en main

Devenir autonome, c'est aussi se poser des questions sur sa façon d'apprendre et oser chercher les réponses auprès des copains, des profs, comme des parents. En te bougeant, tu trouveras les différentes méthodes de travail qui te vont bien.

TEST 5
Ta mémoire, elle est comment ?

1- Les poésies apprises en CM2…

Tu t'en souviens bien.

Tu t'en souviens vaguement.

Tu as tout oublié !

2- Il faut apprendre 20 lignes en histoire…

Au secours : tu paniques !

Tu y passes 2 heures, c'est laborieux.

Tranquille… Tu vas le faire en plusieurs fois.

3- Pour apprendre, il faut…

Bien écouter en classe.

Écouter, comprendre, mémoriser.

Ça dépend des matières…

4- Pour vérifier si tu sais ta leçon…

Tu l'expliques à ton petit frère.

Tu te poses toi-même des questions.

Tu te la récites à voix haute.

5- Surligner en couleur les points importants du cours…

Ça donne plus envie d'apprendre.

Ça permet de voir dans sa tête ce qui est à retenir.

C'est pas ça qui va t'aider !

6- Pour mieux retenir une leçon…

Tu fais une carte mentale.

Tu demandes à tes parents de t'interroger.

Tu n'as pas vraiment de méthode.

7- Tu ne comprends pas certains mots d'une leçon…

Tant pis ! Tu l'apprends par cœur.

Tu fais un effort pour bien tout comprendre.

Ça t'ennuie, tu laisses tomber !

8- Pour toi, apprendre, c'est…

Répéter une leçon jusqu'à ce qu'elle rentre dans ta tête !

Faire entrer des informations dans ton cerveau afin de les utiliser plus tard.

Très difficile !

9- La mémoire, tu t'en sers plutôt…

Comme d'un appareil photo.

Comme d'un organe mystérieux.

Comme d'un muscle : plus elle s'entraîne, meilleure elle est !

Résultats du TEST 5

Compte le nombre de symboles obtenus
et reporte-toi aux résultats ci-dessous.

Un max de 👻 : MÉMOIRE DÉBUTANTE

Tu crois qu'il y a d'un côté les chanceux qui ont de la mémoire et les autres qui n'en ont pas ? Eh bien, pas du tout ! Chacun peut améliorer sa mémoire en appliquant quelques règles. La première : la répétition. Refaire plusieurs fois des exercices (s'ils sont justes) ; écrire plusieurs fois des mots de vocabulaire ou des définitions ; relire avant de se coucher une leçon qu'on a apprise l'après-midi, ça marche ! Découvre dans les pages suivantes d'autres règles et méthodes pour « booster » ta mémoire.

Un max de : MÉMOIRE FRAGILE

Ce que tu as mémorisé ne reste pas très longtemps dans ta mémoire ? Parfois, tu as « tout oublié » lors du contrôle ? Voici plusieurs méthodes pour être plus efficace quand tu apprends : reformule avec tes mots, à voix haute ou avec ta voix intérieure dans ta tête, ce que tu dois retenir. Réécris-le au moins trois fois. Transforme ta leçon en schéma, en tableau, en chanson... Mets-toi à la place de ton professeur : pose-toi cinq questions sur la leçon, pour vérifier si tu es capable d'utiliser (comme dans un contrôle) tes nouvelles connaissances.

Un max de : MÉMOIRE ORGANISÉE

Pour continuer à développer ta mémoire, varie tes manières de faire. Tu apprends très bien en récitant à voix haute ? Contrôle tes connaissances en faisant un schéma ou une carte mentale (voir page 100). Tu écris ou tu te fais des schémas pour mieux retenir ? Essaie de réciter ta leçon comme si tu l'expliquais à un copain ou à ta sœur. Cela ancrera encore mieux tes connaissances. Pense aussi à faire le lien entre les nouvelles connaissances et ce que tu sais déjà, et projette-toi dans l'avenir en train de les utiliser (discuter avec tes parents, faire un contrôle, etc.).

3 trucs pour booster la mémoire

Truc n°1

Sois actif(ve)

Quand tu écoutes en classe, quand tu poses des questions, quand tu copies correctement la leçon, tu prépares et facilites le travail de ta mémoire.

Truc n°2

Divise et révise

Tu as 25 verbes irréguliers à apprendre en anglais ? Apprends-les 5 par 5, pendant 5 jours. Garde un jour (un soir) pour réviser et t'interroger pour vérifier que tu les connais bien.
Applique la même méthode pour tes contrôles : divise et révise.
Regarde avec tes parents des vidéos sur la mémoire : **lesfondamentaux.reseau-canope.fr,** + tape « mémoire» dans la loupe de recherche.

Truc n°3

Teste-toi

Tu as appris une leçon ? Interroge-toi pour vérifier ce que tu sais (et ce que tu ne sais pas). Tu rends ta mémoire plus forte en la mettant aussitôt à l'épreuve.

Une aide pour apprendre : les cartes mentales

C'est quoi, une carte mentale ?

C'est la représentation visuelle d'une leçon, d'un ensemble de connaissances organisées sur un même sujet. Le sujet est donné par le titre de la leçon : il devient le titre de la carte mentale. Dans la carte page suivante, « Athènes, une cité grecque » est le titre de la leçon, il est écrit au centre de la carte.

Pourquoi faire une carte mentale ?

Pour repérer les idées principales (et les idées secondaires) d'une leçon. Pour les organiser. Pour transformer une information écrite en information visuelle (c'est plus joli, plus gai, ça paraît moins long, ça donne envie d'apprendre). Pour « reformuler une leçon » (voir page précédente), faire apparaître des liens entre les différents éléments de cette leçon et donc mieux la mémoriser.

Les questions à se poser pour apprendre une leçon

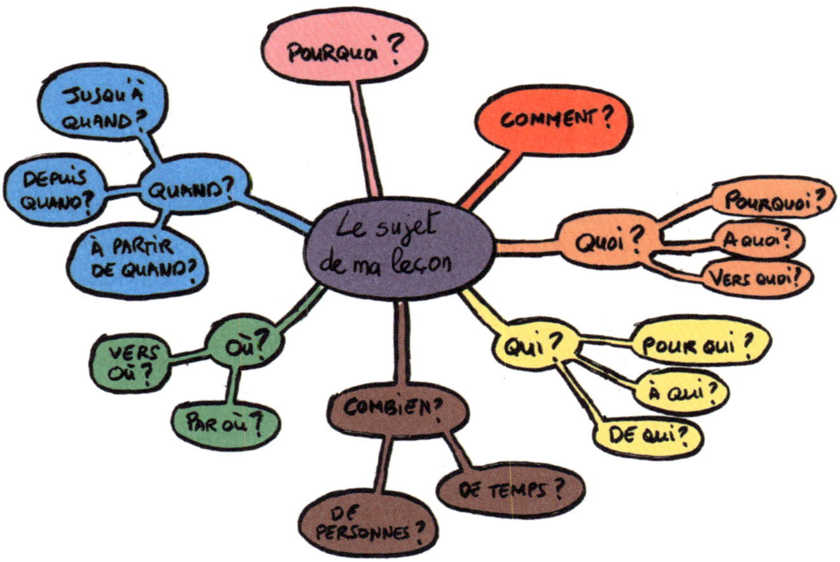

Comment faire une carte mentale ?

- Place le sujet de ta leçon au centre, trace un cercle autour.
- Ajoute un dessin si tu veux.
- Trace des flèches en couleur tout autour du cercle. Chaque flèche/couleur correspond à une question : Quoi ? (pour expliquer ou développer le sujet de la leçon), quand (en histoire : à quelle période ?), etc.
- Rappelle-toi de la formule CQQCOQP (prononce-la à voix haute) pour vérifier que tu n'as oublié aucune question à te poser pour bien connaître ta leçon : Comment ? Qui ? Quoi ? Combien ? Où ? Quand ? Pourquoi ?
- Écris ensuite en un ou deux mots les réponses à ces différentes questions. Exemple : Qui? (question) --> Citoyens (réponse).
- Trace de nouvelles flèches (même couleur) pour détailler la réponse.

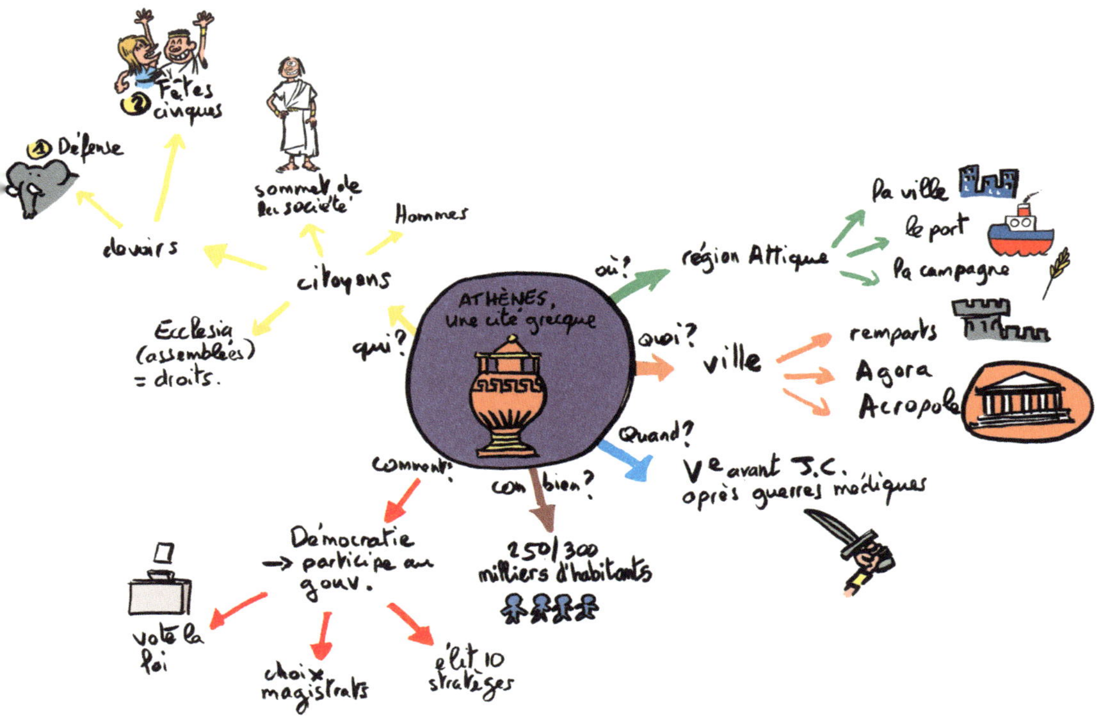

Direction 5e

Latin ou pas ?

En fin de 6e, tu décideras si tu fais du latin en 5e. Si tu aimes le français et l'histoire, n'hésite pas ! En latin, tu découvriras l'histoire de Rome et la vie des Romains, la mythologie. Cela t'aidera en français, car de nombreux mots de notre langue viennent du latin. Et si la découverte du latin te plaît, tu pourras peut-être la compléter par la découverte du grec. C'est possible dans certains collèges, en classe de 3e.

Quelle langue vivante ?

En fin de 6e, tu choisiras ta deuxième langue vivante. Allemand ? Espagnol ? Italien ? Chinois ? Cela dépend aussi de ton collège. Environ 72 % des élèves apprennent l'espagnol en seconde langue au collège et au lycée, 16 % l'allemand, 5 % l'italien, 4 % l'anglais. L'allemand est la langue maternelle la plus parlée en Europe. L'espagnol l'une des quatre langues les plus parlées dans le monde, avec l'anglais, le chinois mandarin et l'hindi.

Bonjour la technologie !

En 5e, la « techno » va te permettre de comprendre les objets techniques qui nous entourent au quotidien. On appelle « objet technique », un objet conçu et fabriqué par les humains pour répondre à des besoins déterminés. Le vélo répond au besoin de se déplacer (sans polluer) par exemple. En travaillant sur différents objets techniques, plus ou moins automatisés, tu comprendras aussi les notions de cycle de vie, de recyclage, de réparation, et de programmation. En cours comme à la maison, tu utiliseras des outils et des ressources informatiques, un ordinateur, des logiciels (traitement de texte, programmation, ou modélisation)... Les différents éléments qui constituent le réseau informatique d'un collège, d'une entreprise deviendront clairs pour toi.

La sécurité sur la route, ça s'apprend

Tous les élèves de 5e passent l'attestation scolaire de sécurité routière 1er niveau. C'est une sorte d'interro sur les règles de sécurité que doivent connaître les piétons, les cyclistes, les passagers d'une voiture... Avec dix bonnes réponses sur 20 questions, tu obtiendras l'ASSR 1. Elle est indispensable pour suivre ensuite la formation au brevet de sécurité routière (BSR), obligatoire pour conduire un scooter à partir de 14 ans.
En 3e, tu passeras l'attestation de sécurité routière 2. Cette attestation est indispensable pour s'inscrire à la formation du brevet de sécurité routière et à la préparation du permis de conduire.

Vive l'esprit critique !

En 5e grâce à ton ou ta prof documentaliste, et à d'autres profs tu continueras à mieux connaître les différents médias qui t'entourent : réseaux sociaux, télé, radio, journaux, magazines... Tu apprendras comment distinguer une information avérée (exacte et vérifiée) d'une rumeur, d'une intox, ou des *fake news* (fausses informations en anglais). Si tu as envie de muscler ton esprit critique, tu peux lire le livre *Stop à la manipulation* publié par Bayard Jeunesse.
Il se trouve peut-être dans ton CDI.

Au loin... le lycée !

Le lycée te paraît encore très loin, bien sûr ! Mais tu verras, le temps passe vite. Alors dès maintenant sois curieux(se), pose des questions à des cousins, des oncles, des tantes, ou d'autres adultes, sur le lycée qu'ils ont fréquenté, les études qu'ils ont faites, et ce qui leur plaît dans leur travail aujourd'hui. Commence à réfléchir à tes goûts, tes points forts, tes centres d'intérêt. Ça t'aidera à faire des choix d'orientation plus tard.

Pix te suivra jusqu'au bout !

Tu vas découvrir Pix en 6e et ton profil Pix te suivra durant ta scolarité. En 5e, 4e, 3e, tu continueras à faire des exercices et des entrainements sur Pix pour développer tes compétences numériques. Ainsi, en 3e tu passeras la certification Pix, qui attestera de tes compétences sur les différents outils informatiques, sur les différents médias en ligne et les réseaux sociaux, sur la manière de protéger ton identité numérique. Plus tard, quand tu seras en Terminale, au lycée, tu passeras une nouvelle certification Pix.

SPÉCIAL PARENTS

Lexique
Le collège de A à Z

Voici les mots-clés qui vous permettront de décrypter l'univers du collège où va étudier et grandir votre enfant.

Bilan de fin de cycle

Le parcours scolaire de votre enfant est organisé en cycles. La classe de 6e est la dernière année du cycle qui comprend le CM1, le CM2 et la 6e. À la fin de cette année scolaire, les professeurs établiront « un bilan de fin de cycle », une sorte de photographie des connaissances et des compétences de votre enfant à ce stade de sa scolarité. Pour chacun des huit domaines du socle commun de compétences et de culture (p.36), les enseignants indiqueront le niveau de maîtrise atteint par votre enfant : insuffisante, fragile, satisfaisante ou très bonne. Ce bilan vous sera transmis. Il sera aussi intégré, avec les bulletins trimestriels, au livret scolaire unique qui suit chaque élève du CP à la 3e. Ce livret scolaire dématérialisé est accessible via le portail Scolarité-services.

Classes bilangues

Presque la moitié des collèges proposent en 6e une classe bilangue anglais / espagnol, plus rarement anglais / allemand. Au total, l'élève bénéficie ainsi d'un total de 6 heures de langue vivante.

Devoirs faits

Tout élève de 6e doit bénéficier du dispositif « devoirs faits » : un temps scolaire spécialement dédié à l'accompagnement aux devoirs. L'organisation de cette séquence est laissée à la liberté de l'établissement, elle peut être assurée par des professeurs du collège, ou de l'école primaire, éventuellement par des assistants d'éducation. Son objectif : transmettre aux nouveaux collégiens des méthodes de travail afin de les rendre plus autonomes dans leur apprentissage : bien lire une consigne, mieux se concentrer, comment mémoriser… Bref, leur faire comprendre en quoi consiste le « travail personnel » qui est attendu d'eux au collège.

obtiennent le brevet. Une cérémonie républicaine de remise des diplômes peut être organisée au collège, parfois à la mairie, au mois d'octobre suivant. Les élèves qui n'obtiendront pas le brevet ne redoubleront pas leur classe de 3e mais iront au lycée dans une classe « prépa-lycée » pour consolider leur niveau.

Diplôme national du brevet (DNB)

En fin de 3e, votre enfant passera son premier examen pour obtenir le diplôme national du brevet. Ce diplôme atteste des connaissances et compétences en fin de collège. Il est obligatoire pour entrer en classe de seconde. Les épreuves terminales représenteront 60 % de la note finale. La note du contrôle continu sera calculée à partir de la moyenne des notes obtenues dans les différentes disciplines. Environ 90 % des collégiens

Info +

Les résultats du brevet sont proclamés en juillet. Une cérémonie républicaine de remise des diplômes est organisée au collège en septembre ou octobre.

Évaluation positive

Pour que les élèves comprennent que les évaluations sont des indications pour leur permettre de mesurer leurs acquis (et non des jugements de valeur), l'évaluation doit être positive. Elle doit souligner les apprentissages réalisés, les progrès accomplis et ceux qu'il reste à accomplir. Elle indique ainsi le degré de maîtrise des différentes connaissances et compétences enseignées (insuffisant, fragile, satisfaisant, très bonne). C'est pourquoi un grand nombre de collèges ne donnent pas de notes sur 20 en 6ᵉ, ni de note de moyenne générale. Ils poursuivent ce qui se pratique le plus souvent en primaire.

École inclusive

Pour accueillir tous les enfants, l'Éducation nationale a mis en place différents dispositifs qu'il est utile de connaître, voire de demander. Un PAI (projet d'accueil individualisé) concerne un enfant ayant des problèmes de santé chronique (asthme, allergies) ou devant prendre des médicaments ; un PAP (plan d'accompagnement personnalisé) un jeune présentant un trouble de l'apprentissage et un PPS (projet personnalisé de scolarisation) un enfant en situation de handicap reconnue par la Maison départementale pour les personnes handicapées.

Groupe de besoin

En 6ᵉ et en 5ᵉ, les cours de maths et de français pourront être donnés par groupes organisés selon les besoins et les compétences des élèves. Leur objectif est de permettre aux élèves de consolider certaines connaissances et compétences. Des séances en classe entière pourront aussi être conservées. La mise en place des groupes pourra varier selon les collèges.

Harcèlement

En cas de plainte de votre enfant, ou de doute (ses résultats chutent, il est déprimé ou se referme sur lui-même, il dort mal), n'hésitez pas à lui poser des questions et/ou à prendre rendez-vous avec son ou sa professeur(e) principal(e) ou le ou la chef(fe) d'établissement. Tous les établissements scolaires doivent avoir une équipe d'adultes (enseignants, infirmière, CPE...) sensibilisés et formés pour réagir face au harcèlement ou cyberharcèlement. Vous pouvez aussi appeler le **3018** qui vous guidera et vous soutiendra.

Intelligence artificielle (IA)

Depuis fin 2022, le grand public a accès à des IA génératives : des outils capables de générer du texte (comme ChatGPT développé par OpenAI) ou des images comme (Dall-E ou Midjourney). Quelques grandes écoles ont interdit à leurs étudiants l'utilisation de ChatGPT dans leurs travaux écrits, mais beaucoup d'enseignants entreprennent plutôt de les utiliser comme support ou outil d'apprentissage. Par exemple : poser des questions pour découvrir un sujet puis s'interroger sur les réponses et les vérifier avec d'autres sources, apprendre à faire une description précise (le prompt) pour générer une image donnée ou encore écrire un pastiche puis le comparer à un texte original... En histoire-géo, en sciences, en français, il s'agit avec ChatGPT (ou d'autres IA génératives) de diversifier les façons d'apprendre, d'éduquer aux nouveaux outils, et toujours de développer l'esprit critique !

Langues

• Sauf en classe bilangue, l'étude d'une deuxième langue vivante commence en classe de 5e. En classe de 5e, comme ensuite en 4e et en 3e, elle représente 2 h 30 de l'emploi du temps hebdomadaire des élèves.

• Dans certains collèges, il est possible de commencer le latin ou le grec en 5e, à raison d'une heure par semaine. Le plus souvent cet enseignement débute en 4e et se poursuit en 3e, à raison de 3 heures par semaine.

Médiateur(trice)

En cas de désaccord et de conflit persistant avec l'établissement qui accueille votre enfant, en tant que parent, vous pouvez saisir un(e) médiateur(trice). Il faut avoir auparavant entrepris une démarche soit de demande d'explication auprès du (de la) principal(e), soit de contestation. Vous trouverez le contact avec le ou la médiateur(trice) de votre académie ici : education.gouv.fr/contacter-la-mediatrice-de-l-education-nationale-et-de-l-enseignement-superieur-et-les-mediateurs-10559
Vous pouvez aussi joindre directement la médiatrice de l'Éducation nationale à cette adresse : mediateur@education.gouv.fr

Parcours éducatifs

Au collège, comme en primaire, les élèves participent à des activités qui peuvent déborder le cadre des cours : semaine de la presse, sorties au théâtre, rencontres avec des professionnels (artistes, chercheurs, etc.) ou des associations (action de prévention santé, citoyenneté…). Ces activités sont réunies au sein de quatre parcours qui figurent sur les bulletins scolaires : **le parcours citoyen, le parcours santé, le parcours avenir et le parcours d'éducation artistique et culturelle**. Chaque parcours démarre dès la primaire et se poursuit au lycée. Il donne aux élèves de multiples occasions de s'engager activement dans des projets.

Pix

• N'hésitez pas à vous rendre sur pix.fr. Cette plateforme (Pix citoyen) permet à chacun d'évaluer, de développer et de certifier ses compétences numériques. Son accès est libre et gratuit. On crée son profil et progresse à son rythme, de manière ludique.

• Pour les établissements scolaires, il existe aussi Pix Orga. En 6e, avec l'un de ses professeurs, votre enfant ouvrira un compte sur Pix Orga qui le suivra toute sa scolarité. Sur Pix Orga, il fera des exercices, acquerra de nouvelles compétences numériques. En fin d'année il recevra « une attestation de sensibilisation », indiquant qu'il aura suivi deux parcours : culture numérique et protection numérique (axée notamment sur le cyberharcèlement).

Redoublement

La pratique du redoublement a beaucoup diminué en France : elle concerne un élève sur dix. Elle est généralement limitée aux situations de longue absence d'un élève, après une maladie par exemple. Mais les professeurs peuvent demander le redoublement en cas de difficultés d'apprentissage persistantes, quand les autres dispositifs de soutien ou de remédiation n'ont pas été efficaces. Les parents pourront discuter cette proposition, mais au final la décision devrait revenir à l'équipe pédagogique.

Sections sportives scolaires

Ces nouvelles sections permettent aux enfants d'avoir une pratique sportive plus importante que celle proposée dans l'emploi du temps « classique » d'un collégien. Elles peuvent ainsi améliorer leur équilibre personnel et social. Elles n'ont pas pour but de participer à la formation de sportifs de haut niveau (comme les sections sports études) mais de contribuer à former des sportifs de bon niveau qui pourront éventuellement, plus tard, devenir éducateurs, arbitres, officiels ou dirigeants dans le milieu sportif. Il existe peut-être une section sportive scolaire dans l'établissement de votre enfant.

Socle commun

Le socle commun de connaissances, de compétences et de culture représente le bagage que tout jeune doit posséder à la fin de sa scolarité obligatoire. Il organise l'ensemble des connaissances, des compétences, et de la culture à acquérir en cinq grands domaines d'apprentissage :

1- Les **langages** pour penser et communiquer
2- Les **méthodes et outils** pour apprendre
3- La **formation** de la personne et du citoyen
4- Les **systèmes** naturels et les systèmes techniques
5- Les **représentations** du monde et de l'activité humaine

Toutes les disciplines contribuent à l'édification du socle commun. Par exemple, l'éducation physique et sportive qui « développe les capacités et le langage du corps » (domaine 1) participe aussi à la formation de la personne et du citoyen (domaine 3). Pour en savoir plus : education.gouv.fr/le-socle-commun-de-connaissances-de-competences-et-de-culture-12512

Je découvre le collège avec mon enfant

Tapez **onisep.fr/je-decouvre-le-college-avec-mon-enfant** dans votre moteur de recherche et découvrez l'univers du collège. Des vidéos, des témoignages, des documents vous permettent de rencontrer comme si vous y étiez les différents professionnels qui accompagnent votre enfant (principal(e), professeur(e)-documentaliste, assistant(e) d'éducation...). L'occasion de visiter une salle des profs, un labo de sciences, un CDI et de décrypter le « jargon » de l'Éducation nationale.

ADRESSES UTILES

INTER SERVICE PARENTS
01 44 93 44 93
Des professionnels de l'écoute et de l'éducation répondent. Leur mission : soutenir les parents, les orienter ou les guider.
Numéro d'appel gratuit.

LES ÉCOLES DES PARENTS ET DES ÉDUCATEURS (EPE)
Pour trouver l'adresse la plus proche de chez vous : ecoledesparents.org/epe/actions/
• Pour les contacter : contact@ecoledesparents.org
• Numéro vert « Allo, parents en crise » : 0 805 382 300

APEL SERVICE
Si votre enfant est scolarisé dans l'enseignement libre : 01 46 90 09 60
Ce numéro permet de joindre une équipe de psychologues, d'éducateurs, de conseillers scolaires. Plus d'infos : apel.fr

LES MAISONS DES ADOLESCENTS
Il existe une MDA par département. Son rôle : informer, conseiller et orienter vers les services de soin adaptés. Certaines proposent aussi des consultations de psychologie, dermatologie, gynécologie...
Pour trouver celle près de chez vous : anmda.fr

ESPACE FAMILLES CLEMI
Le Centre dédié à l'éducation aux médias et à l'information propose différentes publications à télécharger et articles pour accompagner les parents : comment réagir face à la désinformation ? comment conseiller ses enfants sur les réseaux sociaux ? clemi.fr/fr/famille.html

LUMNI
Lumni est une plateforme éducative où enfants, parents et professeurs trouveront des vidéos de qualité. Pour revoir des points d'un programme scolaire (de l'école jusqu'à la terminale), préparer un exposé, approfondir des connaissances.
lumni.fr

Merci aux professeurs et professionnels de l'Éducation nationale qui m'ont éclairée : Yannick Bineau, Guillaume Caron, Laurence Espinassy, Nicolas Feld, Laurent Fillion, Sandrine Metterie, Roseline Ndiaye, Clémentine Pillon, Ludovic-Emmanuel Prud'homme, Brigitte Réauté, Olivier Rosan, Denis Tuchais, Véronique Vanhaesebrouck, Bertrand Vittecoq, Céline Walkowiak, Bertrand Formet, réseau Canopé, Agnès Bayeu, Manuelle Garcia, Anne-Cécile Laudon, Laetitia Legrand, Salem Moumen, Inga Nop.

Un merci particulier à Jean-Michel Zakhartchouk.

Odile Amblard

Toutes les illustrations de Tehem ont été prépubliées dans le magazine

OKAPI 100% ADO

www.okapi.fr et **blog.okapi.fr**

Couleurs : Gildo Giorgi et Tehem

Pages 79 à 101 : illustrations de Dab's

18 rue Barbès, 92120 Montrouge

ISBN : 979-10-363-6604-8

Dépôt légal : juin 2024

Loi n° 49-956 du 16 juillet 1949 sur les publications destinées à la jeunesse.

Imprimé par Florjancic Tisk en Slovénie.